Mit Erfolgsharmonie Ziele erreichen

Luigi Caglia

Luigi Caglia

Mit Erfolgsharmonie Ziele erreichen

Glück und Erfüllung durch bewusste Balance von Karriere, Familie und Freizeit

DeBehr

Herausgeber: Verlag DeBehr, Radeberg
Erstauflage: 2019
ISBN: 9783957536600

Inhaltsverzeichnis

Vorwort

Viele Menschen wollen erfolgreich sein. In der allgemeinen Definition bedeutet "erfolgreich sein" in einem oder mehreren Bereich(en) sehr gut zu sein, seine Ziele besonders gut erreichen zu können. In meiner Definition bedeutet "erfolgreich sein“ …

… **„Das Erreichen von materiellen oder immateriellen Dingen oder Zuständen, deren Erreichung bewusst und eigenmotiviert angestrebt wurde!"**

Um erfolgreich zu werden, ertragen viele Menschen die größten Entbehrungen, oft über eine sehr lange Zeit. Viele "verirren" sich auf diesem Weg, setzen ihre Beziehungen aufs Spiel oder sogar ihre Gesundheit.

Warum sie das tun? Dafür haben die betroffenen Menschen sicherlich genügend Gründe:

- Die Suche nach Anerkennung
- Die hohen Erwartungen im Umfeld (Eltern, Lebenspartner, …)
- Das Streben nach (viel) Geld oder danach, was sie damit kaufen wollen.
- Der Wettbewerb mit Kollegen oder an-

deren Personen

- Oder einfach, weil sie es wollen …

Selbstverständlich bedeutet "erfolgreich sein" nicht automatisch, sich zu "verirren". In den vergangenen 35 Jahren habe ich sehr viele erfolgreiche Menschen kennengelernt. Leider waren einige dabei, **die auf ihrem Erfolgsweg – ja sogar im Erfolgsfall** – Scheidung, Krankheit, Vereinsamung oder den finanziellen Totalverlust erlitten hatten.

Dieses Buch soll helfen, den oft zitierten "Preis des Erfolges" bezahlbar zu machen! Mit neuen/anderen Möglichkeiten und Erkenntnissen helfen, gedanklich und sprachlich in der Balance zwischen Leistungs-/ Erfolgsdruck und körperlicher/geistiger Gesundheit zu bleiben.

Dieses Buch soll helfen,

– Sie in Ihrer Zielplanung zu bestätigen.
– Sie in Ihrer Zielplanung zum Nachdenken zu bewegen und Sie anzuregen, ggf. den Mut und die Sicherheit aufzubringen, Ihre Ziele zu verändern.

Ja, ich bin davon überzeugt, dass es nicht nur

wichtig ist, was wir denken, sondern auch, was wir sagen! Das, was wir sagen, entspringt ja logischerweise dem, was vorher gedacht wurde. In unserem Wortschatz haben sich Worte etabliert, die vielleicht mit „Erfolg“, aber nicht mit „Harmonie“ zu vereinbaren sind. Auf diese Worte werde ich ebenso eingehen, wie auf Redewendungen, die einer harmonischen Zielerreichung im Wege stehen.

Auf der einen Seite sollen Sie den eingeschlagenen Erfolgsweg weiter gehen, aber auf der anderen Seite soll dieses Buch helfen, die ebenso wichtigen Dinge des Lebens nicht zu vernachlässigen.

Dieses Buch soll neue Denkanstöße liefern und gelegentlich alte Denkweisen auf den Prüfstand stellen.

Ich glaube, dass dieses Buch dann den gewünschten Effekt entwickelt, wenn Sie sich nach jedem Kapitel, das Sie anspricht, Zeit für eine Reflexion nehmen.

Viel harmonischen Erfolg dabei!

Ihr Luigi Caglia

1 Worum geht es?

„Erfolgsharmonie" = Erfolg + Harmonie

Es liegt in der Natur des Menschen, erfolgreich zu sein, etwas zu bewegen, eigene Fähigkeiten zu verbessern und sich weiter zu entwickeln. Dies gilt im Beruf, im Sport, und ganz besonders in der persönlichen Weiterentwicklung. Wer möchte schon gerne in seiner Entwicklung stehen bleiben, während die anderen weiterlaufen. Das wird wohl auch daran liegen, dass wir uns weiterentwickeln mussten und wollten (Evolution, Industrialisierung, Technologisierung).

Den meisten Menschen gelingt das! Einigen mehr, anderen weniger und wenigen gar nicht. Dieses Buch ist für all jene, die in ihrer Entwicklung einen (oder mehrere) Schritt(e) weitergehen wollen oder für die, die es auf dem Weg **zum EIGENEN** Erfolg leichter, nicht ganz so beschwerlich, haben wollen.

Unterstelle ich damit, dass der geschätzte Leser es „schwer hat" im Leben? Nein! Es sei denn ... Sie HABEN es schwer! Wenn es etwas in Ihrem Leben gibt (ein privates, berufliches, sportliches, finanzielles, gesundheitliches

Ziel), das Sie nur schwer erreichen, dann sollten Sie sich angesprochen fühlen. Wenn Sie keine Ziele haben oder alle Ziele bereits erreicht haben, dann legen Sie das Buch getrost zur Seite und machen Sie sinnvollere Dinge. Vergeuden Sie nicht Ihre Zeit!

„Sie lieben das Leben? Dann vergeuden Sie keine Zeit, denn daraus besteht das Leben!“

(Benjamin Franklin)

Die Grundlage für die sinnvolle Nutzung dieses Buches sind Ihre Ziele!

Haben Sie Ziele?

Was sind Ziele?

Ziele sind die Grundlage für Erfolg!

Nur wer Ziele hat, kann erfolgreich sein. Wer erfolgreich sein will, wer sich weiterentwickeln will, benötigt Ziele.

„Ziele sind materielle oder immaterielle Dinge oder Zustände, die wir erreichen wollen, die aber nur außerhalb der gewöhnlichen Standards oder Abläufe zu erreichen sind.“

Oder
„Ein Ziel bezeichnet einen in der Zukunft liegenden, gegenüber dem jetzigen Zeitpunkt veränderten, erstrebenswerten und angestrebten Zustand (oder eine Sache (materiell)). Ein Ziel ist somit ein definierter und angestrebter Endpunkt eines Prozesses.“

„Erfolg ist das Erreichen von materiellen oder immateriellen Dingen oder Zuständen (ZIELEN), deren Erreichung bewusst und eigenmotiviert angestrebt wurde!“

Wir alle kennen die Situation, etwas erreichen zu wollen, ein Ziel zu haben, aber nicht weiterzukommen. Etwas Unsichtbares, eine unsichtbare Kraft, verhindert unseren Erfolg.

Unsichtbar? Unsichtbare Kraft?

Von wegen: „Es ist doch mein Chef, die Firma, die Branche, mein Trainer, mein Lebenspartner, die Bank, der Staat, usw. oder sonst wer, der das verhindert, an mir liegt es ja nicht“, sagen wir dann.

Mit dieser Selbstlüge beruhigen wir uns dann und beschimpfen andere. Natürlich ist es bequemer, andere für seinen Misserfolg verantwortlich zu machen, als zu akzeptieren, dass wir selbst einen entscheidenden Teil zu unserem Misserfolg beigetragen haben. Dieses Eingeständnis ist vielleicht hart ... aber ehrlich! Doch ohne diese Ehrlichkeit bleibt der Weg zum Erfolg versperrt wie ein Raum, in den wir unbedingt hinein wollen, der aber verschlossen und dessen Schlüssel nicht zu finden ist!

„Erst wenn wir anerkennen, dass wir selbst zu unserem Misserfolg beitragen, öffnet sich die Tür zum Erfolg!"

Die Folgen einer Inakzeptanz des Selbstverschuldens sind:

- noch mehr arbeiten/trainieren
- noch weniger Zeit für andere, wichtige Dinge des Lebens.

Das betreiben wir so lange, bis wir die Ausgangstüre aus diesem Hamsterrad nicht mehr finden und unsere innere Welt zusammenfällt!

Die Folgen sind im besten Fall: stehen bleiben, aufgeben, resignieren. Im schlechtesten Fall: Scheidung, Krankheit.

Manchmal (und zunehmend immer öfter) greifen die „Uneinsichtigen“ zu unsauberen, schädlichen Mitteln!

„Drei Millionen Beschäftigte missbrauchen Medikamente als Aufputschmittel“ (Tagesthemen, 17.03.2015, SWR)

Warum sie das tun? Ich glaube, dass auf der einen Seite der Drang nach Erfolg in Form von Anerkennung, Geld, Lob, Bestätigung, Macht usw. groß ist; Auf der anderen Seite aber die richtigen Mittel fehlen oder von der Gesellschaft nicht akzeptiert werden. Ich habe nicht selten erlebt, wie sogenannte Erfolgstrainer in „Endgültigkeiten“ wie: „Nur so wirst Du erfolgreich“, „So musst Du das machen, und nicht anders“ oder „Das ist der einzige Erfolgsweg!“ gesprochen und damit gleichzeitig dem eigenen Weg die Erfolgschancen abgesprochen haben. Sie werden vom Druck, erfolgreich sein zu „müssen“ oder zu wollen, vereinnahmt!

Erfolg steht für viele wunderbare Erlebnisse und für Selbsterfüllung!

Erfolg steht manchmal aber auch für Krankheit und Vereinsamung. Die meisten Menschen engagieren sich für ihre Beziehungen, haben Familie, Freunde, Hobbys und sonstige „Verpflichtungen". All dem „muss" man ja gerecht werden.

„Während wir uns auf unseren Erfolgsweg machen, merken wir nicht, wie wir unsere Beziehungen und unsere Gesundheit hinter uns lassen!"

Wer die Erfolgsleiter nach oben möchte, sollte sich darüber im Klaren sein, dass es auch einen Fahrstuhl nach unten gibt. Was uns „da unten" erwarten könnte, beschreibe ich in dem Kapitel „Die 4 Lebensbereiche".

Das Ziel von „Erfolgsharmonie" ist es, auf dauerhaftem, gesundem Wege den eigenen Erfolgsweg zu gehen (was auch immer jeder Einzelne unter Erfolg versteht), ohne die Beziehungen, die Gesundheit und die Finanzen vernachlässigen zu müssen.

Das ist Erfolg!

Meiner Erfahrung nach wissen Menschen mit Lebens- und Erfolgserfahrung durchaus, wo die „Fallen" des Erfolges liegen. Darauf angesprochen höre ich dann oft Sätze wie:

- „Du hast ja recht, ich sollte weniger arbeiten!“
- „Ja stimmt, ich nehme mir einfach zu viel vor!“
- „Ich müsste mehr delegieren!“
- „Wenn dieses ‚Projekt‘ abgeschlossen ist, arbeite ich weniger!“
- „Dieses eine ‚Ziel‘ will ich noch erreichen!“
- „Ich ziehe jetzt voll durch, danach, im Urlaub, kann ich mich erholen!“

Kennen Sie diese oder ähnliche Sätze?

Menschen, die in der „Erfolgsfalle“ landen, scheitern nicht an mangelndem Wissen darüber, sondern an der Disziplin, sich genügend Freiräume zu nehmen und sich genügend abzugrenzen!

„Die meisten Menschen überschätzen, was sie in einem Jahr erreichen können und unterschätzen, was sie in 7 Jahren erreichen können.“

Ein weiterer oft nicht beachteter Aspekt auf dem Weg zum Erfolg ist die Tatsache, dass eine Erfolgsetappe oft mit einer Entwicklung der Persönlichkeit einhergehen sollte. Wenn nicht, läuft man Gefahr, dass sich mit dem Erfolg gleichzeitig eine Überforderung einstellt. Die Verantwortung wird größer, die Erwartungen (die eigenen und die von außen) werden nach oben angepasst, die Freizeit wird weniger … und schon ist man mittendrin, in der Erfolgsfalle!

Ob Sie dieses Buch lesen sollten? Sie sollten es lesen, wenn Sie Ihren Erfolg im Einklang mit den 4 Lebensbereichen genießen wollen!

Zu oft habe ich in den letzten 35 Jahren gehört, dass ich mich fokussieren soll auf meine Ziele, dass ich am besten Tag und Nacht daran arbeiten soll, dass es normal sei, wenn andere Dinge zu kurz kämen. Schließlich lohnt es sich ja!

Heute kann ich diese Glaubenssätze nicht mehr unterstreichen! Ich bin fest davon überzeugt, dass ich auf nichts – was mir wichtig ist – verzichten muss! Ich kann beides haben: Erfolg UND Harmonie! Ob es leicht ist? NEIN (denn wenn es leicht wäre, könnte es jeder und dieses Buch wäre sinnlos!) Aber gesund ist es allemal! Gesund für die vier Lebensbereiche, die mir so wichtig sind:

- **Gesundheit**

- **Beziehungen**
- **Beruf(ung)**
- **Finanzen**

Worum geht es in „Erfolgsharmonie“?

Es geht um Zielerreichung! Es geht um Erfolg! Aber nicht um JEDEN Preis!

- **Erfolg JA, Stress JA?**
  Nicht erstrebenswert!

- **Erfolg JA, Stress NEIN!**
  Geht das?

- **Erfolg JA, aber mit Harmonie!**
  Das ist die Lösung!

Das ist der Zustand der "Erfolgsharmonie"!

Ich habe in meiner gesamten beruflichen und sportlichen Laufbahn, in der ich mich kontinuierlich mit dem Thema Zielerreichung und Erfolg beschäftigt habe, viele Wege kennengelernt, wie Erfolg zu erreichen ist. Viele Wege bin ich gegangen, einige nicht!
Es gab Zeiten, in denen ich Ziele hatte und solche, in denen ich keine hatte. "Erfolgshar-

monie" unterstellt natürlich, dass Sie Ziele haben! Was Ziele sind und wie man mit ihnen umgeht, erfahren Sie im Kapitel 4: „Haben Sie Ziele!“.

Nun könnte der geschätzte Leser glauben, wer keine Ziele hat, hat auch nicht den Stress, sie erreichen zu wollen? Weit gefehlt! Einer der häufigsten Sätze, die ich in meiner langen Berufserfahrung immer wieder höre, ist: „Ich habe keine Ziele!" Sind das alles entspannte Menschen? Nein! Sie sind zum Teil genauso gestresst und unter Druck wie die, die Ziele haben, WEIL sie keine bewussten Ziele haben! Nicht immer, ja sogar sehr selten, merkt man ihnen das äußerlich an.

Beim Studium von unzähligen Büchern und bei Besuchen unzähliger Seminare habe ich mal mehr, mal weniger Ansätze gefunden, wie Zielerreichung und Erfolg "funktioniert".
Geprägt von all diesen Erfahrungen, sowohl gute wie auch schlechte, hatte ich im Sommer 2012, während eines 16-km-Laufs in Österreich, die Idee, dass sich die Erfüllung, die ich mir wünschte, im Begriff "Erfolgsharmonie" spiegelte.

Ja, das wollte ich: Erfolg und Harmonie,

also: Erfolgsharmonie!

Es wäre schön, wenn Sie sich von dieser Formel und meinem Buch auf Ihrem eigenen Erfolgsweg begleiten lassen.

Aus Gründen der Vereinfachung werde ich in diesem Buch nur die männliche Ansprache verwenden. Ich bitte hierfür um Verständnis.

2 Meine 2 Ansätze

„Ziele sind materielle oder immaterielle Dinge oder Zustände, die wir erreichen wollen, die aber nur außerhalb der gewöhnlichen Standards oder Abläufe zu erreichen sind."

„Erfolg ist das Erreichen von materiellen oder immateriellen Dingen oder Zuständen, deren Erreichung bewusst und eigenmotiviert angestrebt wurde."

Zielerreichung = Erfolg!

Erfolg = Zielerreichung!

Stimmen Sie grundsätzlich zu? Ich tue es! Es sei denn …

Wer hat das Ziel bestimmt? Sie? Sicher? Dann ist es ja gut!

Sehr oft sind es andere, die unsere Ziele „bestimmen". Die Firma, der Chef, der Lebenspartner, die Eltern, der Trainer, usw.

- Da gibt es Ihre Firma, die das Sortiment neu gestaltet, obwohl Sie der

Überzeugung sind, dass die neuen Produkte nicht benötigt werden. Aber verkaufen müssen Sie die Produkte, weil es das Ziel der Firma ist …

- Da ist Ihr Chef, der Ihnen Umsatz- oder Projektvorgaben macht, obwohl Sie wissen, dass sie nicht zu erreichen sind. Es sind die Ziele Ihres Chefs …

- Da ist Ihr Lebenspartner, der Sie zu immer höheren Zielen und Ansprüchen antreibt bzw. Sie bei deren Erreichung bremst. Es sind die Ziele Ihres Lebenspartners …

- Da sind Ihre Eltern, die davon überzeugt sind, dass Sie in ihre Fußstapfen treten müssen. Es sind die Ziele Ihrer Eltern …

- Da ist Ihr Trainer, der unbedingt die Meisterschaft gewinnen will, obwohl Sie und das Team einfach nur Spaß haben wollen. Es ist das Ziel des Trainers …

Nun, hier zitiere ich gerne einen meiner Lieblingsautoren (Reinhard K. Sprenger, aus meinem Lieblingsbuch „Die Entscheidung liegt bei dir“), der sagte:

"Die Erwartungen anderer sind die Erwartungen anderer!"

Alles klar? Nicht so leicht, ich weiß!

Es gibt durchaus Umstände, die eine „Fremd-Ziel-Erreichung“ notwendig oder sogar sinnvoll machen.

- Vielleicht ist eine Fremdmotivation auch notwendig, damit Sie sich über Ihre wahren Ziele bewusst werden …

- Vielleicht erleben Sie ein wahres Glücksgefühl, auch wenn Sie ein „Fremd-Ziel“ erreicht haben …

Eines sollte aber nicht geschehen:

- **„Fremd-Ziel-Erreichung“ vor eigene Ziele setzen,**

oder noch schlimmer:

- **„Fremd-Ziel-Erreichung“ bei gleichzeitiger Missachtung der eigenen Ziele!**

Warum? Entscheiden Sie selbst: Was glauben Sie, geschieht, wenn wir mittel- bis langfristig (kurzfristig hat es mit großer Wahrscheinlichkeit keine Auswirkungen) die Ziele anderer verfolgen? Wie wahrscheinlich ist es, dass wir irgendwann "aufwachen" und uns Vorwürfe machen?

Es könnte die Frage aufkommen: "Wie konnte ich mich nur so lange selbst ignorieren?"

Das hat nichts mit Erfolgsharmonie zu tun!

Dass das nicht immer leicht ist, vor allem, wenn Sie als Angestellter für eine Firma arbeiten, ist mir durchaus bewusst. Wenn man mit den Zielen der anderen leben kann und sie sogar auch zu eigenen Zielen machen kann – wunderbar!

Es geht mir um die Situationen, in denen Sie Ihre Ziele verleugnen, vergessen, hinten anstellen, weil Sie nicht riskieren wollen mit Ihrem Arbeitgeber, Lebenspartner, Coach oder Ihrer Familie in Konflikt zu geraten.

Warum riskieren manche Menschen also, dass mit Erreichen des Erfolgs der gesundheitliche (Burn-out), der seelische (sich „verbiegen" müssen) und/oder der private (Vereinsamung, Scheidung) Abstieg einhergeht?

Oder anders gefragt: Warum nehmen es manche Menschen in Kauf, auf ihren eigenen, wahren Erfolg zu verzichten?

Ob ich das selbst erlebt habe? Zum Teil ja! Es gab Phasen in meinem Berufsleben, in denen ich sowohl bewusst als auch unbewusst mehr auf „Fremdziele" als auf meine eigenen, wahren Ziele fokussiert war.

Habe ich, im Nachhinein betrachtet, darunter gelitten? Nicht nur! Ich habe auch davon profitiert. Durch die „Fremdbestimmung" habe ich Erfolge erzielt, die ich entweder gar nicht, oder nicht in der Geschwindigkeit erzielt hätte.

Was war geschehen:

Ich hatte Mentoren, von denen ich heute glaube, dass sie wirklich an meinem Erfolg interessiert waren (im Nachhinein glaube ich sogar, sie hatten phasenweise mehr Interesse an meinem Erfolg als ich selbst ...). Ihre Unterstützung, ihre Motivation und ihre Zielklarheit waren enorm. Ich wusste natürlich, dass mein Erfolg auch auf sie abstrahlte und sie dafür ebenso Anerkennung bekamen und finanziell profitierten.

Meine Bedenken, dass einiges in die falsche Richtung lief, dass ich den Pfad meiner Werte und Überzeugungen verließ, wurden von unserem Erfolg überstrahlt!

Was tat ich, was nicht mit meinen Werten und Überzeugungen im Einklang war?

- Da waren die finanziellen Investitionen, die ich zu früh tätigte und die mich fast ruinierten ... (Aussage meines Mentors: „Du musst investieren, um erfolgreich zu sein!")

- Die Aufgabe von Beziehungen und von Hobbys, die ich im Nachhinein bereute ... (Aussage meines Mentors: „Du musst Prioritäten setzen und dich fokussieren!")

- Die Art und Weise, wie ich Mitarbeiter führte, war ebenso „wider meine Überzeugungen“ (Aussage meines Mentors: „Wenn du Erfolg haben willst, musst du deine Mitarbeiter nun mal so führen.“)

In aller Deutlichkeit betone ich an dieser Stelle, dass mir einige dieser "Irrwege" durchaus bewusst waren und ich sie in Kauf genommen habe. Ob ich mit der heutigen Erfahrung anders handeln würde, ist wahrscheinlich; aber ich bin mir bewusst, dass wir nicht immer vernünftig und rational handeln, wenn wir die Chance auf den großen Erfolg haben.

Ich bin davon überzeugt, dass sehr viele Menschen diese "Erfolgsharmonie" in sich tragen. Wir sollten den Mut aufbringen, danach zu handeln. Vielleicht müssen wir dadurch länger auf den Erfolg warten, aber ich kann Ihnen heute aus Überzeugung sagen:

„Es lohnt sich!“

Meine Thesen und Aussagen sind weder medizinisch noch wissenschaftlich belegt! Sie sind meinen eigenen Erfahrungen und den sich daraus ergebenden Erkenntnissen geschuldet.

Ich lege auf die Feststellung wert, dass es sich in meinen Ausführungen überwiegend um mein Praxiswissen handelt!

Mein 2. Ansatz

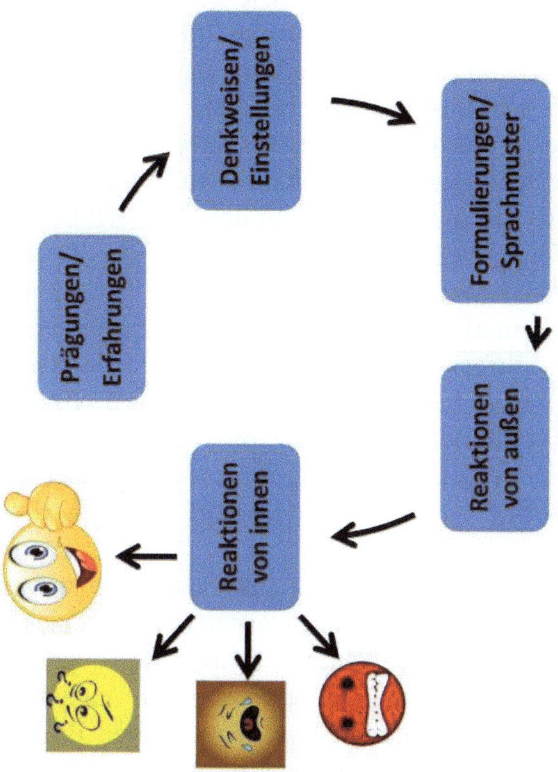

Die Bereiche Denkweisen/Einstellungen und Formulierungen/Sprachmuster können durch „Erfolgsharmonie“ positiv beeinflusst werden.

Sicher stimmen Sie mir zu, wenn ich sage: **„Unsere Emotion** (unsere Stimmungslage, oder einfach ausgedrückt „wie wir drauf sind“) **bestimmt die Qualität unseres Alltages**. Je positiver unsere aktuelle Einstellung ist, desto besser können wir uns auf unsere Ziele konzentrieren und desto ausgeglichener reagieren wir, wenn Schwierigkeiten bzw. Probleme auftreten, die es zu überwinden gilt oder wenn uns Stolperfallen in den Weg gestellt werden, die uns an der Zielerreichung hindern sollen. Vielleicht ist Ihnen schon einmal aufgefallen, dass Sie unterschiedlich auf Stresssituationen reagieren. Je positiver die Emotion, desto entspannter reagieren wir auf Stresssituationen. Je besser die Emotion, desto fokussierter sind wir bezüglich unserer Zielerreichung.

Der Fokus auf das Ziel bleibt bei positiver Emotion vorhanden. Wir werden zwar zunächst vom eigenen Ziel durch bestimmte negative Einflüsse abgelenkt, jedoch wird die negative Ablenkung kompensiert von der positiven Emotion. Ist die Emotion negativ, sind wir eher bereit, uns am Negativen festzubeißen und dort zu verharren.

Oben sehen wir einen Kreislauf, wie er täglich stattfinden kann. Dieser Kreislauf entsteht häufig in Situationen, in denen wir mit Menschen kommunizieren. Mein **Ziel** (und das Ziel dieses Buches) war und ist es, dafür zu sorgen, dass das **Ergebnis** eines solchen Kreislaufes - **die Emotion, konkreter, IHRE Emotion** - am Ende einer Konversation positiv ist! Warum ist mir das so wichtig? Es ist meine feste Überzeugung, dass eine positive Emotion entscheidend ist für das Erreichen der Erfolgsharmonie!

Sehen wir uns diesen Kreislauf einmal genauer an:

Wir sind **geprägt** durch unsere Eltern, Lehrer, Vorgesetzte und sonstige Menschen, denen wir im sozialen Umgang begegnet sind oder noch begegnen. Neben der Prägung kommen sowohl **gute** wie auch **schlechte Erfahrungen hinzu**, die wir selbst in der Vergangenheit gemacht haben. Diese Erfahrungen können wir nicht ändern oder rückgängig machen. Sie sind nun einmal so, wie sie sind. Aus diesen Erfahrungen folgert jedoch nicht automatisch, dass die Auswirkungen daraus **zwangsläufig** zu einer unumkehrbaren **Denkweise/Einstellung** führt. Diese Erfahrungen führen jedoch sehr häufig wie selbstverständlich zu den sich daraus ergebenden **Formulierungen und Sprachmustern**. So fällt es einem Menschen, der eine tendenziell negative Grundhaltung hat, schwer, das Glas „halb voll“ zu sehen. Diese Menschen sprechen eher über das „halbleere“ Glas! Einem tendenziell negativen Menschen fallen auch unzählige Gründe ein, warum ein Vorhaben zum Scheitern verurteilt sein könnte, anstatt die vorhandenen Chancen zu sehen, um sich dann an diesen zu orientieren. Aus solchen negativen **Formulierungen und Sprachmustern** ergeben sich die **Reaktionen von außen**, d.h., dass Menschen, die mit diesen Formulierungen und Sprachmustern konfrontiert werden, auf das Gesagte reagieren, was wiederum zu einer **Reaktion von innen** führt, die dann als die entsprechende Emotion zu werten ist!

Ein Beispiel:

Ihr Vorgesetzter vertraut Ihnen ein wichtiges Projekt an. Vom Erfolg dieses Projektes hängt ab, ob Ihre Firma den Großauftrag eines Kunden erhält oder nicht. Schon bei der Vorstellung des Projektes bekommen Sie weiche Knie und Sie befürchten, dass das Projekt und dessen Präsentation eine Nummer zu groß für Sie sein könnten. Sie haben Angst. Wie reagieren sie?

Positiv-kämpferische Formulierungen führen mit Sicherheit zu **positiven Reaktionen von außen,** wohingegen **negativ-resignierende**

Formulierungen wohl eher zu **negativen Reaktionen von außen** führen würden. Als Folge dieser Reaktionen entsteht in Ihnen ebenfalls eine Reaktion. Wie, glauben Sie, fällt unter den nachfolgend beschriebenen **Reaktionen von außen** jeweils Ihre **Reaktion von innen** aus?

Das wichtige Projekt wird Ihnen vorgestellt und Sie realisieren, dass es eine sehr große Herausforderung ist!

1. Sie kommentieren die Herausforderung positiv-kämpferisch. Ihr Vorgesetzter sagt: „Ich wusste, dass ich mich auf Sie verlassen kann. Sie sind eine kompetente Person und ich bin davon überzeugt, dass Sie das Projekt zum Erfolg führen werden." Welche **Reaktion von innen** folgt?

2. Sie kommentieren die Herausforderung negativ-resigniert. Sollte es das erste Mal sein, dass Sie so reagieren, könnte Ihr Vorgesetzter zwar tendenziell wie oben erwähnt reagieren, i.d.R. wird er aber sagen: „Wenn Sie sich das nicht zutrauen, ist es wohl zielführender, jemand anderem diese wichtige Aufgabe anzuvertrauen." Welche **Reaktion von innen** folgt?
Wenn Sie sich nun Ihre entsprechende Reaktion von innen vergegenwärtigen... welche Emotion folgt?

- wütend (auf wen?)

- traurig (worüber?)

- unsicher/zweifelnd (warum?)

- positiv und gut gelaunt?

Es ist ein Ziel dieses Buches, Sie dabei zu unterstützen, dass das Ergebnis möglichst immer „positiv“ sein wird! Bei der Beantwortung der Fragen ist es wichtig, dass Sie ehrlich mit sich sind, auch wenn Ihre Antwort mit Ihren anderen Interessen/Gedanken kollidiert.

Probieren Sie es einfach aus!

3 Was ist Erfolgsharmonie?

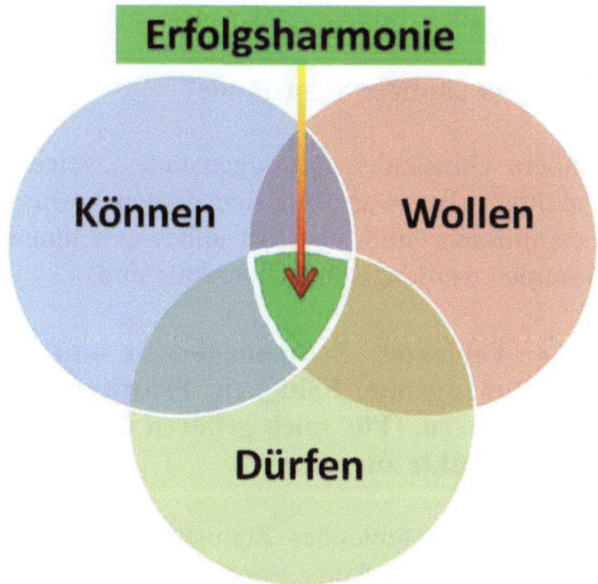

Von Erfolgsharmonie spreche ich, wenn die drei Bereiche

- Erfolg haben **Können**,
- Erfolg haben **Wollen** und
- Erfolg haben **Dürfen**

zusammentreffen.

Diese drei Bereiche stehen für

1. Fähigkeiten (Können)
2. Ziele / Sinn (Wollen)
3. Äußere und innere Umstände (Dürfen)

Was sind „äußere" Umstände?

Äußere Umstände sind sogenannte „weiche" Faktoren, die zwar vom Betroffenen bewusst beeinflussbar sind, aber oft unbewusst hingenommen werden. Beispiele hierfür sind:

- **Fehlendes Zeitmanagement und die mangelnde Fähigkeit, Prioritäten zu setzen. (Für mich gehören diese zwei Punkte zusammen!)**

Beispiele für fehlendes Zeitmanagement und mangelnde Fähigkeit, Prioritäten zu setzen, sind:

Sie wollen den heutigen Abend mit Ihren Freunden verbringen, arbeiten aber so lange an einem vermeintlich „unwichtigen" Thema, bis Sie merken, dass es zu spät geworden ist.

Sie haben Ihrer Frau versprochen, Ihre Kinder von der Schule abzuholen, rufen sie aber vorher an, dass Sie es zeitlich nicht schaffen, weil Sie für Ihren Chef noch eine Präsentation fertigstellen müssen.

- **Schwächen in der Kommunikation**

Beispiele s. Kapitel 10 Kommunikation oder Interpretation und 11 Fragen – Erwarten – Fordern

- **Schwächen in der Führung von Mitarbeitern**

Beispiele:

1. Sie delegieren eine Aufgabe mit Termin an einen Mitarbeiter, der Ihnen antwortet: „Ich werde es versuchen." Sie nehmen die Antwort des Mitarbeiters unkommentiert zur Kenntnis!

Alternative:

Sie fragen nach: „Was kann ich mir darunter vorstellen? Ist Ihnen die Aufgabe nicht klar, oder reicht die Zeit nicht?"

2. Ein Mitarbeiter erreicht seine selbstgesetzten Monatsziele nicht und sagt dazu: „Kom-

menden Monat erreiche ich sie aber.“ Sie loben seinen Ehrgeiz und er verlässt Ihr Büro.

Alternative:

Sie loben seinen Ehrgeiz und fragen nach: „Was werden Sie konkret verändern, um im kommenden Monat Ihre Ziele zu erreichen?“

- **Schlechte körperliche Verfassung**

Um dauerhaft konstante Top-Leistung zu liefern, benötigen Sie aus meiner Sicht eine gute körperliche Verfassung. Ob Sie nun regelmäßig Sport treiben oder sich nur entsprechend ernähren, ist sehr individuell. Ich kenne nur sehr wenige Menschen, die es schaffen, z. B. mit ungünstiger Ernährung und wenig bis keinem Sport dauerhaft und auf hohem Niveau Leistung zu bringen. Im Gegenteil: Mir sind sehr viele Menschen bekannt, die irgendwann ein Einsehen hatten und ihre Ess- und Sportgewohnheiten zum Teil dramatisch umgestellt haben.

- **In einer Branche zu arbeiten, in der Ihre Zielerreichung aus unterschiedlichen Gründen nicht möglich ist.**

Zum Beispiel lassen sich hohe Verdienstziele als Angestellter in der Pflegebranche ebenso schwer realisieren, wie Führungspositionen in 3-Mann-Betrieben. Sicherlich fallen Ihnen weitere gute Bespiele ein.

- **Einen Chef zu haben, der Ihrer persönlichen Zielerreichung im Wege steht weil er ...**

... noch lange nicht in Rente geht und Sie deswegen nicht seinen Posten bekommen
.... Sie nicht leiden kann (zu Recht oder zu Unrecht)
... selbst führungsschwach ist und Sie nicht fördert (fördern kann)

- **Usw.**

Was sind „innere“ Umstände?

Innere Umstände sind Haltungen, Meinungen, Sprach- und Denkgewohnheiten, die i. d. R. unbewusst sind und oft nur durch ein (Selbst-) Coaching bewusst gemacht werden können, z. B.:

- Schlechte mentale Verfassung (Negativ-Denker)
- Negative Glaubenssätze („Ich kann das nicht“)
- „Opfersprache“ (s. Kapitel 8 Erfolgsverhinderer (Ich muss .../ Ich kann nicht .../ Ich habe keine Zeit ...)

Wir stellen also fest, dass die „äußeren und inneren Umstände“ mit entscheiden, ob ein Ziel in Harmonie erreichbar ist. Wir können alle Fähigkeiten **(Können)** besitzen, ein brennendes Ziel **(Wollen)** zu erreichen, scheitern aber an den „äußeren und/oder inneren Umständen“ **(Dürfen)**!

Ein Vorstandsmitglied einer Firma sagte einmal in einem Vortrag: „Meine Damen und Herren, Erfolg muss man auch haben **dürfen!**“

Daher beschäftigt sich dieses Buch überwiegend mit dem Baustein „Dürfen“.

Dauerhaften, gesunden Erfolg gibt es nur, wenn wir uns in der "Erfolgsharmonie" befinden. Dazu müssen sich die Bereiche überschneiden.

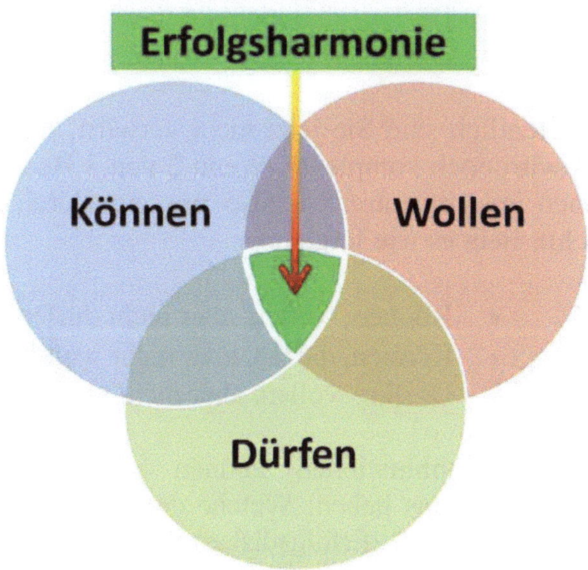

Folgende Kombinationen aus dem Schaubild „Erfolgsharmonie“ sind möglich und gar nicht so selten:

- Können, aber nicht wollen
- Können, aber nicht dürfen
- Wollen, aber nicht können
- Wollen, aber nicht dürfen
- Dürfen, aber nicht können
- Dürfen, aber nicht wollen

Hoffentlich sind Sie jetzt nicht verwirrt, denn es wird noch komplexer. Wenn 2 von 3 Bereichen zusammentreffen, also nur ein Bereich fehlt, sieht es wie folgt aus:

- Können, wollen, aber nicht dürfen
- Können, dürfen, aber nicht wollen
- Dürfen, wollen, aber nicht können

Diese Kombinationen können gravierende Folgen für uns haben! Welche das sind, lesen Sie im Kapitel „Erfolgsdisharmonie und ihre Folgen“.

4 Haben Sie Ziele!

Ziele sind die Grundlage für Erfolg!

Nur wer Ziele hat, kann erfolgreich sein. Wer erfolgreich sein will, wer sich weiterentwickeln will, benötigt Ziele.

Was sind Ziele?

„Ziele sind materielle oder immaterielle Dinge oder Zustände, die wir erreichen wollen, die aber nur außerhalb der gewöhnlichen Standards oder Abläufe zu erreichen sind.“

Oder

Ein Ziel bezeichnet einen in der Zukunft liegenden, gegenüber dem jetzigen Zeitpunkt veränderten, erstrebenswerten und angestrebten Zustand (oder Sache (materiell)). Ein Ziel ist somit ein definierter und angestrebter Endpunkt eines Prozesses.

„Erfolg ist das Erreichen von materiellen oder immateriellen Dingen oder Zuständen (ZIELE), deren Erreichung bewusst und eigenmotiviert angestrebt wurde!"

(Wiederholung aus Kapitel „Worum geht es?“)

Ziele sind notwendig, um definieren zu können, ob man erfolgreich ist. Mein Anliegen ist es, aufzuzeigen, wie Sie Ziele in Harmonie erreichen, nicht wie Sie zu Ihren Zielen finden! Aus diesem Grund gehe ich nicht im Detail auf das Thema Zielplanung ein, sondern zeige nur einige Ansätze auf.

Haben Sie Ziele?

Prüfen Sie Ihre Ziele dahingehend, ob Sie diese auch durch Ihr normales Tagesgeschäft erreichen werden. Dann sind es keine Ziele, sondern alltägliche Geschehnisse. Sie passieren einfach ohne besonderen Einsatz. Ziele sind in der Regel nur außerhalb Ihrer Komfortzone (s. Kapitel "Erfolgsverhinderer") zu erreichen!

Nun fragen Sie sich vielleicht, was „normales Tagesgeschäft“ bedeutet. Nun, jeder Mensch, der einer geregelten Arbeit nachgeht, hat Arbeitsabläufe, die standardisiert sind.
Nehmen Sie also Ihre Ziele, prüfen Sie, ob Sie dafür etwas **außerhalb** der standardisierten Arbeitsabläufe tun müssen und dann wissen Sie, ob Sie Ziele haben oder ob Sie alltägliche

Geschehnisse als Ziel definiert haben.

Einige Beispiele:

Sie sind Abteilungsleiter und wollen den Posten des Bezirksleiters. Wenn Sie nur lange genug warten müssen, weil der momentane Bezirksleiter kurz vor der Rente steht und es zu Ihnen keine Alternative gibt, **dann ist es aus meiner Sicht kein Ziel!**

Müssen Sie für diese Beförderung aber eine oder mehrere Weiterbildungen besuchen (Personalführung, Zeitmanagement, Vorträge ausarbeiten und halten), müssen sie dafür länger oder härter arbeiten (tagsüber im Betrieb, abends und am Wochenende Weiterbildung), oder müssen Sie dafür bessere Ergebnisse liefern (höhere Stückzahlen, höhere Verkäufe, bessere Qualität)?

Wenn Sie eine oder mehrere Fragen mit „Ja“ beantworten, dann haben Sie ein Ziel!

Sie gehen gerne joggen und wollen irgendwann einen Marathon laufen. Allein schon, dass Sie es „irgendwann“ wollen, macht daraus kein Ziel! Warum? Weil „irgendwann“ werden Sie tatsächlich einen Marathon laufen können. Wann? Na irgendwann eben ...!!! Ich meine, ein Ziel zu haben, beinhaltet, den Zeitpunkt zu definieren. Es muss nicht auf den Tag, die Woche oder den Monat genau bestimmt sein. Es gibt sogar Ziele, die nicht einmal auf ein bestimmtes Jahr definiert werden sollten (z. B. genereller Umstieg aller Fahrzeuge im Straßenverkehr auf Elektromobilität oder die Fertigstellung des Berliner Flughafens).

Müssen Sie also für das Ziel „Ich will in 6 Monaten einen Marathon laufen" härter trainieren?
Müssen Sie dafür Ihr Training umstellen?
Müssen Sie dafür Ihre Ernährung umstellen?

Wenn Sie eine oder mehrere Fragen mit „Ja" beantworten, dann haben Sie ein Ziel!

Sie haben bemerkt (oder andere haben es bemerkt), dass Sie deutlich zugenommen haben. Sie wollen nun abnehmen und sagen: „Das wird schon, bald habe ich mein altes Gewicht wieder!" „Bald" definiert keinen Zeitpunkt, weil „bald" immer „bald" ist. Und wenn „bald" gekommen ist, ist wieder „bald"!

Müssen Sie Ihre Ernährung umstellen, wenn

Sie Ihr altes Gewicht haben wollen?
Müssen Sie dafür an Ihrer Disziplin arbeiten?
Müssen Sie dafür mehr Sport treiben?
Haben Sie einen Zeitpunkt, bis wann Sie Ihr altes Gewicht erreichen wollen, fixiert?

Wenn Sie eine oder mehrere Fragen mit „Ja" beantworten, dann haben Sie ein Ziel!

Das aus meiner Sicht am meisten unterschätzte Ziel ist:

„Es soll so bleiben, wie es ist!"

Lassen Sie sich nicht einreden, dass Sie Ziele haben **müssen**! Denn keine Ziele zu haben, ist nicht per se schlecht, bedeutet nicht automatisch, keinen Erfolg zu haben ... Phasen der Ziellosigkeit gab es in meinem Leben immer wieder. Sei es, weil ein Ziel erreicht war und ich das neue Ziel nicht sofort formulieren wollte oder konnte, weil private Sorgen die Zielklarheit trübten oder einfach, weil die Zufriedenheit so groß war, dass kein Ziel es wert war, erreicht zu werden!
Keine Ziele zu haben, kann sogar erstrebenswert sein, z. B. wenn Sie mit dem, was Sie haben und mit dem, was Sie sind, eine innere Zufriedenheit verspüren. Folglich könnten Sie

daraus allerdings das Ziel formulieren, dass dieser Zustand in der Zukunft erhalten bleiben soll!

Also trauen Sie es sich zu, falls Sie es so sehen, folgendes Ziel zu formulieren:

„Es ist auf unbestimmte Zeit mein Ziel, dass der momentane Zustand anhält!"

Aber es ist nur dann ein Ziel, wenn Sie für diesen Zustand etwas tun müssen! Beispielsweise haben Sie das Ziel erreicht, Profisportler zu werden. Um diesen Zustand zu erhalten, müssen Sie aber genauso hart trainieren und Entbehrungen in Kauf nehmen (auf Ernährung achten, reduzierte Freizeit ...) wie zuvor. Somit ist die Erhaltung des Status quo das Ziel! Ähnlich verhält es sich oft im Bereich des Vertriebs. Ein erfolgreicher Vertriebler, vor allem, wenn er selbstständig ist, muss seinen Status, den er sich erarbeitet hat, immer wieder bestätigen. Somit könnte auch er als Ziel ausgeben: „Es soll so bleiben, wie es ist!"

Ich wiederhole gerne, dass es nicht verwerflich ist „KEINE Ziele" zu haben, sofern Sie sich mit einer solchen Entscheidung wohlfühlen und zufrieden sind.

Die Frage nach gewollten Zielen könnte also lauten:

Was möchte ich in meinem Leben haben oder erreichen, was ich nicht sowieso und ohne besondere Anstrengung erreichen oder haben kann? Mit der Beantwortung habe ich das Ziel definiert, woraufhin sich eine weitere Frage stellt:

Welche Eigenschaften sollten Ziele haben?

Ziele sollten **R-E-I-Z-E-N-D** sein:

- **r**ealistisch
- **e**indeutig
- **i**n einem bestimmten Zeitrahmen erreichbar
- **z**u mir und meinen Werten passend
- **e**motional
- **n**icht zum Nachteil anderer
- **d**ynamisch

Realistisch:

- Ob die Ziele anderer realistisch sind oder nicht, liegt natürlich immer im Auge des Betrachters. Ich erlaube es mir nicht, darüber zu urteilen, das soll-

te niemand tun. Hier kann evtl. die Meinung eines Kollegen oder eines Freundes helfen. Achten Sie darauf, dass Sie Ziele nur mit Menschen besprechen, die selbst Ziele haben! Wer selbst keine Ziele hat, neigt aus meiner Erfahrung dazu, Ziele schlecht zu reden und sie als Wunschdenken oder gar „Spinnerei" abzutun.
Unrealistische Ziele können zu einer Überforderung und somit zu Frust und Enttäuschung führen. Mögliche Folge: Die Betroffenen setzen sich zukünftig keine Ziele mehr!

Eindeutig:

- Was genau will ich erreichen? Wie genau sieht mein Ziel aus?

In einem bestimmten Zeitrahmen erreichbar:

- Bis wann genau (Tag, Woche, Monat, Quartal, Jahr) will ich dieses Ziel erreichen?

Zu mir und meinen Werten passend:

- Beispielhafte Werte: Ehrlichkeit, Zuverlässigkeit, Familienmensch, auf Gesundheit achtend. Kann ich diese Werte trotz Zielerreichung leben? Oder geraten meine Ehrlichkeit, meine Beziehungen, die Familie und die Gesundheit in den Hintergrund?

Emotional:

- Warum will ich dieses Ziel zu einem bestimmten Zeitpunkt erreicht haben? Was macht es emotional mit mir? Wie viel bedeutet es mir, dieses Ziel zu erreichen? Wie geht es mir, wenn ich es in meiner Vorstellung bereits erreicht habe (vorfühlen)?

Nicht zum Nachteil anderer:

- Leidet jemand unter meiner Zielerreichung (Beziehungen)? Nimmt jemand Schaden, wenn ich mein Ziel erreiche (Mitbewerber, Kollegen)?

Dynamisch:

- Spornen mich meine Ziele zu größeren Leistungen an? Lassen sie mich Niederlagen und Rückschläge verschmerzen? Treiben sie mich dauerhaft an und geben sie mir Kraft?

Beispiele für eine Zielformulierung nach R-E-I-Z-E-N-D:

- Heute ist der 26.04.2019. Ich **werde** bis zum 31.12.2019 **(R-E-I-D)** 15 kg **(R-E)** abnehmen, weil ich mich dann wohler und gesünder fühle **(Z-D-E)** und ich dann meine frühere Leidenschaft Zumba-Fitness **(E)** wieder aufnehmen **werde (N-D)**.
- Ich laufe z. Zt. 2 x pro Woche je 12 km. Es ist mein Ziel, beim Berlin Marathon 2020 **(I-E)**, eine Zeit unter 4 Stunden **(R-E)** zu laufen. Warum? Um mir zu beweisen, dass ich es kann **(E-D-Z)** und weil ich eine Wette um ein Wellness-Wochenende abgeschlossen habe **(N-D)**!

Beispiele für eine schlechte Zielformulierung nach **R-E-I-Z-E-N-D:**

- Wenn ich erst mal abgenommen habe, melde ich mich beim Zumba-Fitness-Kurs an!
- Ich möchte einen Marathon laufen.
- Mein Ziel ist es, viel Geld zu verdienen.
- Irgendwann werde ich mit dem Rauchen aufhören.
- Ich will befördert werden!

Diese Zielformulierungen sind zu ungenau, nicht spezifiziert und lösen somit wenig Dynamik aus.

Ich habe in den vergangenen Jahren festgestellt, dass viele Menschen keine Ziele haben. Warum ist das so? In konnte folgende Beobachtungen machen:

- Sie haben durchaus Ziele, erkennen sie aber nicht als solche. (Zitat: „Ich habe keine Ziele, ich möchte nur innerhalb der nächsten 15 Jahre mein Haus abbezahlen!“)
- Sie kennen die Wirkung von Zielen nicht und beschäftigen sich deswegen nicht damit. Wer also ein Ziel definiert hat, erkennt viel mehr Wege und Möglichkeiten zur Zielerreichung als jemand, der evtl. das gleiche Ziel hat, sich aber nicht damit beschäftigt. Wenn Sie ein Ziel formulieren, arbeitet es (meist unterbewusst) an dessen Erreichung.
- Sie haben Angst, das Ziel nicht zu erreichen (Vermeidung von Schmerz. Wird in der Regel von all denen praktiziert, die schon mehrfach Ziele formuliert hatten, sie aber nie erreicht haben.

Unter Umständen mussten Sie sich sogar vor dem Vorgesetzten oder dem Umfeld rechtfertigen.)

- Wenn Sie über Ihre Ziele sprechen, werden Sie von Ihrem Umfeld möglicherweise als „Spinner/Träumer“ abgetan („Schuster, bleib bei deinen Leisten!“), glauben dadurch, dass sie sowieso nicht erreichbar sind, und lassen es schließlich.

Es gibt unzählige Möglichkeiten, seine Ziele sichtbar zu machen. Sichtbarkeit sorgt für Präsenz, für Auftrieb in schlechten Phasen, für Mut nach einem Rückschlag! Je nachdem, zu welcher Kategorie Sie sich zählen, hier einige Beispiele:

- **Der visuelle Typ** benötigt seine Ziele immer vor Augen. Er muss sie quasi immer sehen! Er motiviert sich z. B. durch eine Bildercollage auf Holz oder Pappe, indem er aus allen möglichen Zeitschriften Bilder zusammenschneidet, die seine Ziele repräsentieren. Diese Collage hängt dann z. B. im Arbeitszimmer. Oder er schaut sich Filme oder Fotos an, in bzw. auf denen seine Wunschvorstellungen gezeigt werden.

- **Der materielle Typ** liebt Gegenstände zum Anfassen und Geld. Er motiviert sich z.B., indem er die Einkommenssprünge der nächsten 5 – 10 Jahre an einem Zeitstrahl notiert und diese Einkommen mit dem Erwerb materieller Dinge verbindet. Parallel mietet er sich gelegentlich einen Porsche übers Wochenende und schaut beim Stadtbummel bevorzugt nach teuren Uhren und hochwertiger Bekleidung namhafter Marken.

- **Der emotionale Typ** träumt von Dankesreden und Ehrungen zu seinen Beförderungen. Z.B. notiert er, welche Form der Anerkennung (Familie, Kollegen, Freunde) ihm zuteilwird, wenn er seine Ziele erreicht. Er könnte aber auch eine Lobrede über sich selbst schreiben und sie mit sich führen.

- **Der faktische Typ** liebt es, Aufgaben als „erledigt“ zu markieren. Er könnte z.B. eine To-do-Liste mit den Dingen erstellen, die getan werden müssen, um das Ziel zu erreichen.

Oft ist eine Kombination der o. g. Typen die richtige Lösung. Da ich viele Jahre benötigte, um für mich die richtige Zielplanung zu finden, empfehle ich an dieser Stelle:

Fangen Sie an, testen Sie, spüren Sie, was Ihre Zielplanung mit Ihnen macht, und ... sorgen Sie dafür, dass sie in Ihrem Sichtfeld bleibt. Sie muss immer sichtbar sein, da sonst die Gefahr besteht, dass Sie Ihre Ziele im Alltagsstress aus den Augen verlieren.

Kümmern Sie sich darum und beschäftigen Sie sich mit Ihren Zielen! Nehmen Sie Ihre Zielplanung ernst, dann nehmen Sie auch Ihre Ziele ernst!

5 Der Kern der „Erfolgsharmonie"

- Können (Fähigkeit)
- Wollen (Bereitschaft)
- Dürfen (Umstände)

Wer sich in die Erfolgsharmonie begeben will, muss …

… Erfolg haben **können**!

Stellen Sie sich folgende Fragen:

- Haben Sie die nötigen **Fähigkeiten**, um den erwünschten Erfolg erzielen zu können?
- Falls nicht, sind Sie bereit, sich die nötigen **Fähigkeiten** anzueignen und den Preis dafür zu bezahlen (z. B. Weiterbildungen, arbeiten nach Feierabend und am Wochenende, finanzielle Ausgaben, weniger Zeit mit der Familie, weniger Zeit für Hobbys usw.)?
- Welche **Fähigkeiten** sind das? Was sollten oder müssen Sie **können?** (ehrliche Auseinandersetzung mit den benötigten **Fähigkeiten**)?

Hilfestellung: Sie setzen sich ein Ziel! Jede Zielerreichung erfordert ein bestimmtes Maß an Fähigkeiten, um dieses Ziel zu erreichen. Man könnte sogar sagen, je höher das Ziel, desto größer müssen die vorhandenen oder zu erlernenden Fähigkeiten sein.
Wenn jemand, der in der Fähigkeit der zwischenmenschlichen Kommunikation große Defizite hat, das Ziel „bester Verkäufer im Vertrieb für Versicherungsprodukte“ ausruft, wäre er mit ziemlicher Wahrscheinlichkeit zum Scheitern verurteilt. Also müsste er sich diese Fähigkeit aneignen!

... Erfolg haben **wollen**!

- Sie haben ein Ziel und **wollen es wirklich** erreichen.
- Sie haben einen Plan, wie Sie dieses Ziel erreichen können.
- Dieses Ziel ist nicht fremdbestimmt Es ist wirklich **Ihr Ziel!**
- Sie sind bereit, den nötigen Aufwand zu betreiben, um dieses Ziel zu erreichen.
- Stellen Sie sich folgende „Testfrage“: Reicht auch weniger? Wenn Sie die Frage mit „JA“ beantworten, sollten Sie Ihr Ziel nochmals überdenken und

ggf. neu formulieren! Warum? Weil ansonsten Ihr sogenannter „innerer Schweinehund" die Zielerreichung sabotieren wird!

Ich führe im Folgenden 3 Beispiele auf, die ein „Weniger-reicht-mir-auch" aufzeigen sollen:

1. Wenn ein Sprinter die 100 Meter in 10 Sekunden laufen will, aber auch mit 10,5 Sek. zufrieden ist, ist die Wahrscheinlichkeit, dass er die 10 Sek. schafft, geringer, als wenn er die 10 Sek. **unbedingt** laufen will, sich also **nicht** mit 10,5 Sek. zufrieden gibt!

2. Wenn ein Vertriebsmitarbeiter 10 Neukunden im Monat gewinnen will, aber auch mit 8 zufrieden ist, ist die Wahrscheinlichkeit, dass er die 10 Neukunden schafft, geringer, als wenn er die 10 Neukunden **unbedingt** haben will, sich also **nicht** mit 8 Neukunden zufrieden gibt!

3. Wenn wir ein Projekt in 6 Monaten abschließen wollen, aber auch mit einem Abschluss in 8 Monate leben können, ist die Wahrscheinlichkeit, dass wir das

Projekt in 6 Monaten beenden, geringer, als wenn wir das Projekt **unbedingt** in 6 Monaten abschließen wollen, uns also **nicht** auch mit 8 Monaten zufrieden geben!

… Erfolg haben **dürfen**!

Wie anfangs bereits ausgeführt, verstehe ich unter „dürfen" die „weichen Faktoren", die sich auf den ersten Blick nicht als wichtige Bestandteile einer Erfolgsharmonie zu erkennen geben. Außerdem unterteile ich das „Dürfen" in „innere Umstände (iU)" und „äußere Umstände (äU)".

Ich habe die folgenden Eigenschaften in die Rubrik „weiche Faktoren" exemplarisch eingeordnet:

- Disziplin (iU)
Ohne Disziplin ist eine Zielerreichung in der Regel nicht möglich!

- Entscheidungsfreude (iU)
Wir stehen ständig vor der Herausforderung, Entscheidungen zu treffen.

- Können Sie Ihre Ziele in dieser Firma/Branche erreichen? Wenn nicht, sollten Sie die Entscheidung treffen, die Firma/Branche zu wechseln!

- Haben Sie Ihr Ziel mehrfach nicht erreicht, sollten Sie die Entscheidung treffen, Ihr Ziel neu zu definieren und nicht krampfhaft daran festhalten!
- Wenn Sie sich für eine Zielerreichung weiterbilden müssen (evtl. mit hohem zeitlichen und finanziellen Aufwand), sollten Sie die Entscheidung treffen, sich auf den Weg zu machen!
- Haben Sie häufig Kontakt zu notorischen Negativdenkern oder zu Kraft- und Zeiträubern, sollten Sie die Entscheidung treffen, diesen zu vermeiden oder auf ein Minimum zu reduzieren.

Ja, Entscheidungsfreude erfordert Mut, Selbstvertrauen und klare Ziele!

– Zeitmanagement und Definition von Prioritäten (iU)

- Weiterbildung durch Seminare und Lektüre

– Intaktes familiäres und persönliches Umfeld (iU) + (äU)

- Manchmal ist es notwendig, sich von Personen zu lösen (vielleicht auch zu trennen), die einer Zielerreichung im Wege stehen. Dies kann, je nach Verhältnis, zu Enttäuschungen oder sogar zu Zerwürfnissen führen. Prüfen Sie daher, ob ein solcher Schritt wirklich notwendig ist. Oft kann dies vermieden werden, indem Sie offen und ehrlich über Ihre Ziele sprechen und was sie für Sie bedeuten.

– Im richtigen Beruf, der richtigen Firma, der richtigen Branche tätig zu sein (iU) + (äU)

– S. Entscheidungsfreude

- Guter körperlicher Gesundheitszustand (Gewicht, Fitness, Körperwerte ...) (iU)

– Notwendig, um dauerhaft die nötige „Power" aufbringen zu können.

– Gute geistige Fitness (z. B. Weiterbildungsmaßnahmen, „Erfolgsverhinderer" ausschalten) (iU)

– S. Kapitel „Erfolgsverhinderer"

– Frei von "irrationalem Handlungsaufschub" oder "kognitiver Dissonanz" zu sein (iU)

Irrationalen Handlungsaufschub nenne ich das Phänomen, **zu wissen,** was zur Zielerreichung getan werden muss, es aber immer wieder **zu verschieben**. Nehmen wir die Beispiele von oben:

1. Der Sprinter **weiß,** dass er **jetzt** sein Trainingspensum erhöhen muss, um in 8 Wochen die 10 Sek. über 100 Meter laufen zu können, **tut es aber nicht!** Er **weiß,** dass er sich **ab jetzt** entsprechend ernähren muss, **tut es aber nicht!**

2. Der Vertriebsmitarbeiter hat das Ziel, im kommenden Monat 10 Neukunden zu gewinnen! Er **weiß**, dass er **heute anfangen muss,** insgesamt 30 Telefonate zu führen, um in der Folge 15 Verkaufsgespräche zu vereinbaren. Diese Anzahl an Verkaufsgesprächen ist nötig, um auf die Anzahl an Neukunden zu kommen! **Er telefoniert aber nicht!**

3. Der Kollege aus meiner Abteilung **weiß**, dass er mit der Fertigstellung des laufenden Projektes **im Verzug ist** und erst wieder weitere Projekte annehmen

sollte, wenn er das laufende beendet hat. Anstatt sich aber auf das Laufende zu konzentrieren, **nimmt er neue Projekte an!**

– **Kognitive Dissonanz bedeutet (stark vereinfacht):**

Ich weiß, dass das, was ich tue, „falsch ist", rede mir aber ein, dass es auch richtig sein kann!

Bleiben wir bei den obigen Beispielen:

1. Der Sprinter sagt: „Usain Bolt (100-m-Sprint-Weltrekordler) trainiert bestimmt auch nicht so viel und ist Olympiasieger geworden. Außerdem habe ich gelesen, dass er oft „Fast Food" isst!"

2. Der Vertriebsmitarbeiter sagt: „Die fehlenden Neukunden hole ich im nächsten Monat/Quartal nach." Oder: „Ich habe so viele Termine vorbereitet, sodass ich in den nächsten Monaten meine Erfolgsquote deutlich erhöhen werde."

3. Der Mitarbeiter sagt: „Für die anderen

Projekte stehe ich einfach jeden Tag 2 Stunden früher auf.“

6 Wenn es eine Erfolgsharmonie gibt, dann gibt es auch eine Erfolgsdisharmonie!

Dieses Kapitel ist der Tatsache geschuldet, dass beim Thema Erfolg nie, oder zumindest fast nie, darüber geredet wird, dass es auch **Misserfolg** geben kann und **wie man damit umgehen kann**. Es ist verständlicherweise kein populäres Thema, aber Erfolg und Misserfolg gehören nun einmal zusammen.

Im Einzelnen beschreibe ich nun, was beim Zusammentreffen von jeweils nur zwei Bereichen der Erfolgsharmonie passieren kann **(2 von 3 = Erfolgsdisharmonie)**.

1)

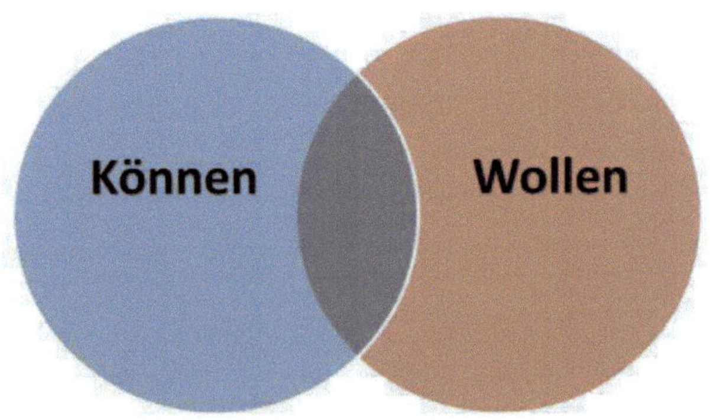

Sie „können“:

– Sie wissen, dass Sie die notwendigen Fähigkeiten besitzen.

– Sie sind bereit, an diesen Fähigkeiten zu arbeiten und sie zu entwickeln.

Sie „wollen“:

– Sie haben klare Ziele und eine Zielplanung, die Sie motiviert.

– Ihre Ziele sind herausfordernd, aber realistisch, zeitlich eingegrenzt, aber nicht zeitlich fixiert, positiv formulierte "ich will haben"-Ziele (hin zu …) oder neutral formulierte "ich will nicht mehr haben"-Ziele (weg von …)

Aber Ihnen fehlt „dürfen“:
z. B.:

– Sie arbeiten in einer kleinen Firma, in der Ihr Ziel "Aufstieg" nur begrenzt möglich ist (z. B. ist der Posten des Prokuristen (das Ziel) mit dem Schwiegersohn des Firmeninhabers besetzt, danach kommt nur noch der Firmeninhaber)!

- Sie arbeiten in einer Branche, in der Ihr Verdienstziel nicht zu realisieren ist!

- Sie haben kein gutes Zeitmanagement, d. h., Sie setzen keine Prioritäten und verwechseln Wichtiges mit Dringendem!

Anmerkung: Das Thema „Zeitmanagement", sowie andere genannte Eigenschaften (z. B. Disziplin) können auch unter „Können" aufgelistet werden, da man sie allesamt erlernen kann. Allerdings habe ich oft erlebt, dass lieber an den vorhandenen Stärken gearbeitet wird, anstatt an den Schwächen. Warum das oft so ist? Vielleicht weil es auf der einen Seite leichter und angenehmer ist, die Stärken weiterzuentwickeln. Auf der anderen Seite ist es möglicherweise unangenehm, an den Schwächen zu arbeiten, weil wir dadurch ständig mit dem konfrontiert werden, was wir nicht (so gut) können!

Der oft zitierte Satz

„Stärke deine Stärken und akzeptiere deine Schwächen"
greift zu kurz. Richtig müsste er heißen:
„Stärke deine Stärken und arbeite an deinen Schwächen"

Oder

„Stärke deine Stärken und manage deine Schwächen“

Oder

„Stärke deine Stärken und sorge dafür, dass deine Schwächen dich nicht von deiner Zielerreichung und somit von deinem Erfolg abhalten“.

Die Folgen von Können + Wollen – Dürfen

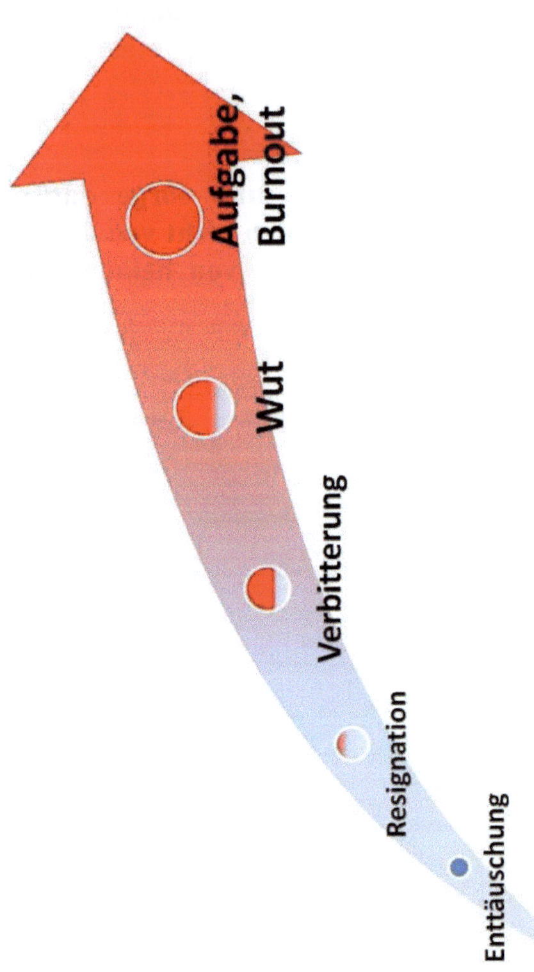

2)

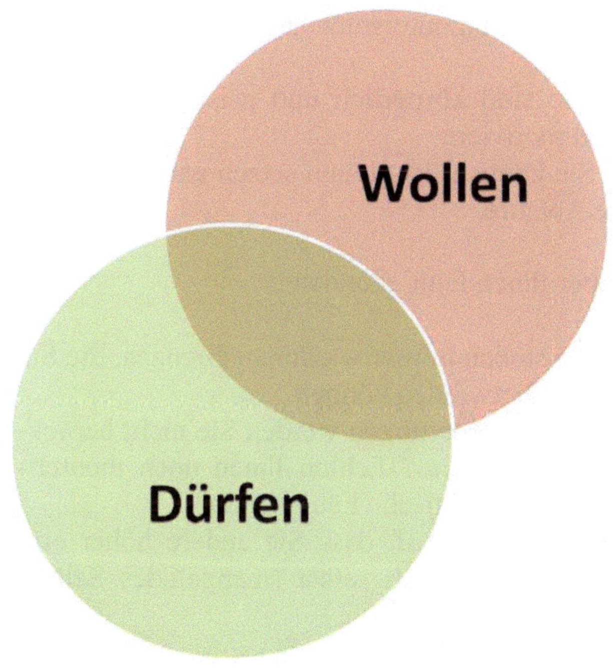

Sie „wollen“:

– Sie haben klare Ziele und eine Zielplanung, die Sie motiviert.
– Ihre Ziele sind herausfordernd, aber realistisch, zeitlich eingegrenzt, aber nicht zeitlich fixiert, positiv formulierte "ich will haben"-Ziele (hin zu ...) oder neutral formulierte "ich will nicht mehr haben"-Ziele (weg von ...).

Sie „dürfen“:

– Ihre Firma unterstützt Sie bei Ihrer Zielerreichung.
– Sie sind körperlich und geistig fit, gesund und motiviert.
– Sie können Prioritäten setzen und haben klare Abläufe.

Aber Ihnen fehlt „können“:

– Sie stoßen immer wieder an Grenzen, die Sie nicht überwinden können.
– Bei Beförderungen werden Sie nicht berücksichtigt, warum? Fehlen Ihnen noch theoretische und praktische Fähigkeiten?
– Ihnen fällt auf, dass Sie andere höher einschätzen, als sich selbst (mangelndes Selbstbewusstsein).

Die Folgen von Wollen + Dürfen – Können können sein:

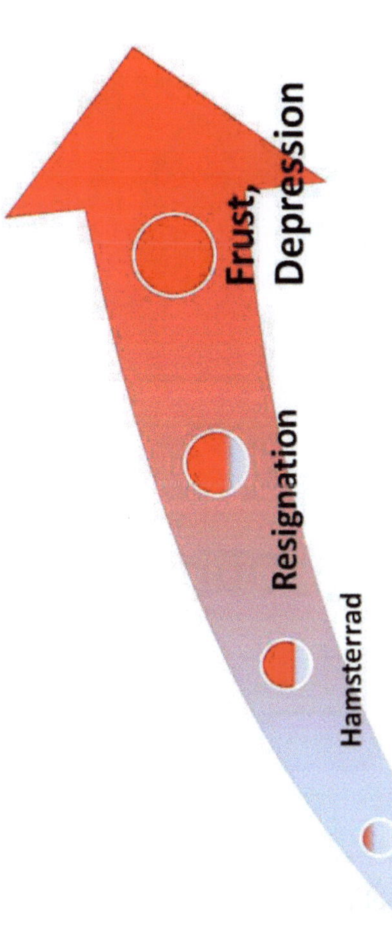
Enttäuschung
Selbstzweifel
Hamsterrad
Resignation
Frust,
Depression

3)

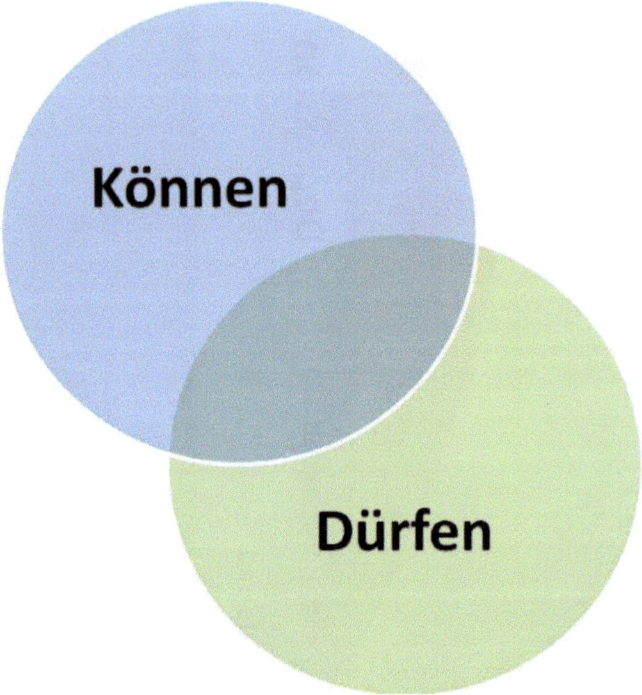

Können

Dürfen

Sie „dürfen“:

– Ihr Umfeld (Lebenspartner/-in, Familie …) unterstützt und motiviert Sie.
– Sie haben Ihr Leben „im Griff“, das Rad läuft rund (Beziehungen, Gesundheit, Finanzen, Berufung).
– Ihr Prioritäten- und Zeitmanagement läuft

gut.

Sie „können“:

– Sie wissen, dass Sie die notwendigen Fähigkeiten besitzen.
– Sie sind bereit, an diesen Fähigkeiten zu arbeiten und sie zu entwickeln.

Aber Ihnen fehlt „wollen“:

– Ihr Tun ist geprägt von den Erwartungen anderer.
– „Eigentlich“ sind Sie mit dem Status quo zufrieden.
– Sie haben (wenn Sie ehrlich sind) andere Ziele, die Ihr Umfeld aber „ablehnt“.

Die Folgen von Dürfen + Können – Wollen können sein:

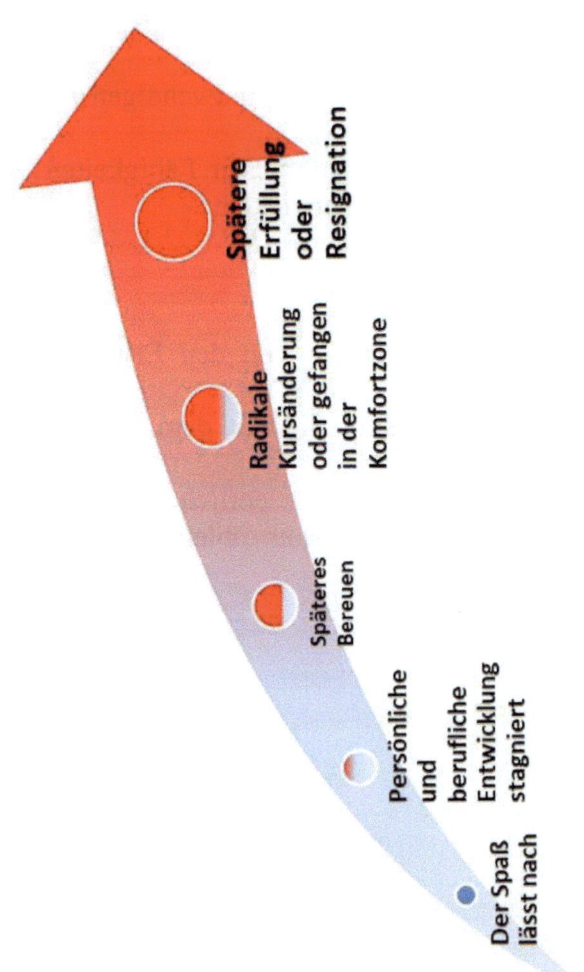

Wie bereits erwähnt, befasst sich die Erfolgsliteratur fast ausschließlich mit Erfolgskonzepten, also mit Empfehlungen, was man tun soll bzw. was zu tun ist.

Wie lautet nun meine Empfehlung, wenn es Ihnen mittelfristig nicht gelingt, alle drei Erfolgsbausteine zu vereinen?

Nun, selbstverständlich entscheidet jeder für sich, wie er mit seinen Zielen umgeht. Folgende Hilfestellung kann ich aus meiner Erfahrung geben:

Wenn Ihnen **dauerhaft** das **„Können"** für die Zielerreichung fehlt, ist Ihr Ziel u. U. zu hoch gegriffen. Sie können es entweder grundsätzlich überdenken, oder in kleineren Etappen (Zwischenziele) bzw. in größeren Zeitabständen planen.

Wenn Ihnen **dauerhaft das „Wollen"** für die Zielerreichung fehlt, ist es mit großer Wahrscheinlichkeit nicht das richtige Ziel!

Wenn Ihnen **dauerhaft** das **„Dürfen"** für die Zielerreichung fehlt, müssen Sie sich fragen, ob Ihr persönliches und berufliches Umfeld zu Ihren Zielen passt. Wenn nicht … was ist wichtiger? Wenn Sie sich selbst, z. B. durch mangelnde Disziplin, im Wege stehen, sollten Sie ebenfalls Ihre Ziele dahingehend überdenken, ob sie wichtig genug sind.

7 Die sieben Erfolgsunterstützer

Erfolgsunterstützer sind **Haltungen, Meinungen, Sprach- und Denkgewohnheiten, Stärken und Schwächen** (ja, auch Schwächen können zu Erfolgen beitragen) und vor allem **Handlungen**, die den Erfolg positiv beeinflussen können.

Erfolgsunterstützer (oder auch Erfolgsgewohnheiten) sind oft nicht sichtbar und nicht wahrnehmbar und darauf angesprochen, dementieren wir in manchen Situationen sogar ihre Existenz. Sollte uns ein Außenstehender eine Erfolgsgewohnheit bescheinigen, ist es ratsam, es sich leicht zu machen …

… und sie annehmen!

Was meine ich damit? Leider beherrschen wir viel zu sehr die Kunst des **LAV, des**

„Lob-Abwehr-Verhaltens“.

Das bedeutet, dass wir ein Lob oft „relativieren“ und es nicht einfach als solches stehen lassen bzw. annehmen können, anstatt uns einfach nur zu bedanken und zu genießen!

Erfolgsunterstützer 1: Lob annehmen!

- **Lob**: „Ich finde es wirklich klasse, wie du auch unter Stresssituationen deine gute Laune behältst (Erfolgsgewohnheit)."
  Mögliche Reaktion: „Ach, was soll ich denn sonst machen, das Leben ist schon schwer genug". (LAV)
  Erfolgsunterstützende Reaktion: „Vielen Dank, schön, dass dir das auffällt". (Lob annehmen!)

- **Lob**: „Es ist toll, wie du dich für die Firma einsetzt, bewundernswert! (Erfolgsgewohnheit)"
  Mögliche Reaktion: „Mein Chef würde mir den Marsch blasen, wenn ich das nicht täte!" (LAV)
  Erfolgsunterstützende Reaktion: „Danke" (Lob annehmen!)

- **Lob**: „Dein Einsatz für das Team ist bemerkenswert, vielen Dank!"
  Mögliche Reaktion: „Ich hab halt keine Lust auf Stress!" (LAV)
  Erfolgsunterstützende Reaktion: „Vielen Dank, heute helfe ich, morgen ein anderer!" (Lob annehmen!)

Also: Gewöhnen wir uns an, Lob und Zuspruch anzunehmen! Wir müssen es nicht immer kommentieren oder relativieren.

Erfolgsunterstützer 2: Feedback holen!

Das Feedback hilft uns, unser Verhalten, die Art und Weise, wie wir an Situationen und Dinge herangehen, zu spiegeln.
Wie kommt unser Verhalten bei anderen an? Was löst es aus? Feedback kann aber nicht nur spiegeln, sondern auch konstruktive Kritik sein, wenn sie als solche gemeint und formuliert ist.

Beispiele für „Feedback holen“ sind:

- Wie war meine Präsentation?
- Wie fandest du meine Schulung?
- Wie kann ich mein Ergebnis verbessern?
- Wie schätzt du meine Leistung ein?
- In welchen Bereichen sollte ich mich verbessern?
- Welche Möglichkeiten stehen mir zur Verfügung?
- Was würdest du an meiner Stelle tun?
- Wie kann ich diese Situation lösen?

Der Feedback-Geber sollte ...

- Eine Person unseres Vertrauens sein (erleichtert uns die Annahme des Feedbacks und garantiert in den meisten Fällen Ehrlichkeit).

- Hierarchisch mindestens auf der gleichen Ebene stehen (erleichtert es dem Feedback-Geber, ehrlich sein zu dürfen).

- Nicht direkt von unserem Erfolg oder Misserfolg profitieren (verfolgt mit dem Feedback keine eigenen Ziele bzw. hat keine eigene Motivation).

Folgende Regeln sollten für ein gelungenes Feedback-Gespräch eingehalten werden:

Für den Feedback-Geber gilt:

- **Ich äußere mich konkret** auf eine(n) bestimmte(n), aktuelle(n) Situation (Fall).
- **Ich vermeide Interpretationen** (ich glaube, dass ..., ich könnte mir denken, dass ..., ich vermute, dass ...!)
- **Ich spreche nur in eigenem Namen und beschreibe nur meine eigenen**

Gefühle („Ich habe es so wahrgenommen …" „In mir hat es Folgendes ausgelöst …" Bitte vermeiden von: „Die anderen sagen, dass …" oder noch schlimmer: „Alle sagen, dass …"

- **Ich äußere mich, ohne zu moralisieren** („Das tut man nicht." „Das kannst du nicht machen."
- **Ich bin emphatisch** („Warum hast du dich für diesen Weg/für diese Variante entschieden?")
- **Ich lobe und gebe Tipps**
- **Lob öffentlich / Tipps unter 4 Augen**

Für den Feedback-Empfänger gilt:

- **Ich muss mich weder verteidigen noch rechtfertigen** (fällt den allermeisten sehr schwer).
- **Erklärungen sind unnötig** (fällt den allermeisten noch schwerer).
- **Ich höre zu, nehme auf und bedanke mich!**
- **Ich frage nur nach, wenn mir etwas unklar ist.**

Erfolgsunterstützer 3: Vertrauensvoll sein!

Wer von seinem Umfeld (Chef, Kollegen, Trainer, Freunde, Familie ...) Vertrauen wünscht (ich behaupte, das tun wir alle), sollte zwei Voraussetzungen erfüllen:

1. Gute Absichten haben (Integrität)

2. Gute Ergebnisse liefern (Kompetenz)

Da wir hier von „vertrauensvoll sein“ sprechen, erübrigen sich weitere Eigenschaften wie Loyalität, Ehrlichkeit, frei von Neid sein usw. einer Erwähnung! Alle diese und ähnlich gelagerte Eigenschaften finden sich, meiner Meinung nach, in der Eigenschaft „Integrität!“

Fragen Sie sich, ob Sie gute (ehrliche) Absichten haben und gute Ergebnisse abliefern.

Beispiele für „gute Absichten haben“:

- Loben Sie die Teamleistung oder sich selbst?
- Helfen Sie nur aus Eigennutz, oder auch ohne direkten Vorteil?
- Geben Sie ehrliches Feedback, oder schmeicheln Sie nur?

- Sind Sie nur den Vorgesetzten gegenüber zuverlässig, oder auch gegenüber den Unterstellten?
- Sind Sie nur denen gegenüber freundlich, von denen Sie sich Vorteile versprechen?
- Bleiben vertrauliche Informationen auch vertraulich?

Beispiele für „gute Ergebnisse liefern“:

- Nehmen Sie eine Aufgabe/Tätigkeit an, sind Sie zu 100 % verantwortlich für ihre pünktliche und bestmögliche Erledigung. Der entscheidende Punkt ist hierbei, dass **Sie** die Aufgabe und somit die **Verantwortung übernommen haben!**

- Wenn Sie von Ihrem Chef eine Aufgabe delegiert bekommen, haben Sie zwei Möglichkeiten:
  1. Es gelingt Ihnen, Ihrem Chef klarzumachen, dass Sie nicht die nötigen Fähigkeiten oder Kapazitäten für diese Aufgabe haben (ich gebe zu, dass das nicht immer leicht ist), oder

2. Sie übernehmen **die Verantwortung** für diese Aufgabe und erledigen sie pünktlich und bestmöglich!

- Ziehen Sie Ihre Motivation, Aufgaben bestmöglich zu erledigen, aus der Tatsache heraus, dass Sie die Aufgaben entweder gewählt haben, oder es Ihnen nicht gelungen ist, klarzumachen, dass Sie sie nicht übernehmen möchten. Aber nicht vergessen: Beides haben **Sie** entschieden!
  Eine Aufgabe zu übernehmen, ohne für deren bestmögliche Erledigung zu sorgen, führt zu Vertrauensverlust Ihrer Person gegenüber!

- Sind Ihre Ergebnisse nicht ausreichend, sorgen Sie umgehend (und somit für andere sichtbar) für deren Verbesserung!

Erfolgsunterstützer 4: Wir sind, wie wir sind!

"Menschen, die es in kleinen Dingen nicht so genau nehmen, kann man in großen Dingen nicht vertrauen."

Ist unser Verhalten nicht immer wieder so geprägt, dass wir (aus welchen Gründen auch immer) abwägen, **wem** gegenüber wir eine Verpflichtung haben? Je größer der Respekt dieser Person gegenüber ist, desto zuverlässiger sind wir?

Angenommen, Sie stehen unter Zeitdruck und müssen etwas für den Inhaber der Firma erledigen und etwas für einen Kollegen. Dem Kollegen haben Sie Ihre Zusage gegeben, die Aufgabe zu erledigen, der Inhaber hat Ihnen eine Aufgabe kurzfristig delegiert. Wofür entscheiden Sie sich?

Ich wiederhole gerne, dass es oft nicht leicht ist, dem Chef, die Erledigung einer Aufgabe abzulehnen. Aber es ist langfristig betrachtet, positiv für Ihren Weg zu einer Erfolgsharmonie und außerdem erstrebenswert, weil Sie dadurch als integer wahrgenommen werden.

Wir sollten die Eigenschaften Pünktlichkeit, Zuverlässigkeit, Seriosität, Einsatzwille usw. nicht von Fall zu Fall unterschiedlich bedienen und auch nicht von der Position oder Stellung einer Person in der Firma, Gesellschaft usw. abhängig machen.

Sie sind es (pünktlich, zuverlässig, etc.), oder Sie sind es nicht!

Also, seien Sie pünktlich, zuverlässig, seriös, einsatzfreudig, und zwar immer und zu jedem! Ja, auch zum Azubi, zur Sekretärin und zum Hausmeister …!!!

Erfolgsunterstützer 5: Die Realität ist real!

Schlechte Ergebnisse wiederholen sich, wenn sie nicht realisiert, sondern schöngeredet werden. Nehmen wir also schlechte Ergebnisse so, wie sie sind: nämlich schlecht!

Wie können wir mit schlechten Ergebnissen umgehen?

1. Aussprechen, ohne die Person zu bewerten! Schlechte Ergebnisse sind zunächst mal schlechte Ergebnisse und sollten von der Person als Mensch ge-

trennt werden. Die meisten Konflikte aus einer berechtigten Kritik heraus entstehen, weil es den Beteiligten nicht gelingt, das Ergebnis sachlich zu betrachten. Sobald die Emotion ins Spiel kommt, laufen wir Gefahr, dass am Ende des Gesprächs ein Zerwürfnis entstanden ist.

2. Bei subjektiv empfundenen „schlechten Ergebnissen“ (z. B. zu wenig Engagement, zu geringer Zeiteinsatz ...) holen Sie sich bitte ein Feedback, um zu beurteilen, ob die subjektiv empfundenen Ergebnisse auch objektiv betrachtet schlecht sind.

3. Selbstmitleid und/oder Schuldzuweisungen sind zwar bequem, aber unangebracht! Sie zerstören mittelfristig unsere Integrität!

4. **Warum** kam es zu diesen Ergebnissen? (Das „Warum“ zu kennen hilft dabei, eine Wiederholung zu vermeiden/Verbesserungsvorgänge einzuleiten.)

5. **Was** kann **von wem** getan werden, um

die Ergebnisse zu verbessern? (z. B. bessere Koordination der Abläufe)

6. **Was** werden Sie verbessern, um die Ergebnisse zu verbessern? (z. B. Verkaufsgespräche trainieren, fachliche Qualifikation verbessern …)

7. **Wie** gewährleisten Sie, dass die Punkte umgesetzt werden? (z. B. regelmäßige Updates, persönlich im 1-zu-1-Gespräch oder im Team und in Feedback-Gesprächen)

Ehrliche Feedback-Gespräche und die sachlich-realistische Betrachtung der Ergebnisse erscheinen vielleicht kurzfristig hart, langfristig bewegen diese Maßnahmen jedoch weit mehr, als die Meinung: „Das wird sich schon nicht wiederholen“ … oder Lippenbekenntnisse wie: „ab jetzt geht’s bergauf …“

Erfolgsunterstützer 6: Enttäuschungen vermeiden!

"Der beste Schutz vor Enttäuschungen ist, werteorientiert zu handeln. Werteorientiertes Handeln schafft Identifikation! Identifikation schützt vor Enttäuschung!"

Werteorientiertes Handeln heißt, Überzeugungstäter zu sein. Eignen Sie sich Überzeugungen an, auf deren Basis Sie Entscheidungen treffen und handeln.
Wie das geht? Nun, zuerst stellen wir fest, dass viele Faktoren bei der Entstehung von Werten eine Rolle spielen, z. B.:

- Positive und negative Erfahrungen
- Eltern/Kindheit/Erziehung
- Persönlichkeiten und Vorbilder
- EigeneWeiterentwicklung/Weiterbildung („über den Tellerrand blicken")

Nun, jede Überzeugung kann sich irgendwann sowohl als richtig als auch als falsch herausstellen! Ich wiederhole in anderen Worten:

Wenn wir die Überzeugungen anderer übernehmen (i. d. R. von einer übergestellten Person) können sie genauso richtig oder falsch sein, als wenn wir unsere eigenen Überzeugungen haben!

Wenn wir zu viele Überzeugungen von anderen annehmen, lauert im Negativfall die Gefahr des „Hätte-ich-nur-anders-entschieden-Syndroms".

Wenn wir allerdings aus eigener Überzeugung handeln, ist die Wahrscheinlichkeit der „ich-habe-mit-bestem-Wissen-und-Gewissen-gehandelt-Erkenntnis“ groß.

Mir gefällt die zweite Variante deutlich besser, und Ihnen?

Prüfen Sie also Ihre Werte und Überzeugungen und passen Sie Ihre Handlungen an. Ihr Umfeld wird Ihre Überzeugungen spüren und Ihnen Ihr Handeln danach danken!

Erfolgsunterstützer 7: Ehrlich sein!

Ein Beispiel:

Manchmal versuchen Menschen, kompetent zu wirken, indem sie trotz Unsicherheit oder mangelndem Wissen auf Fragen antworten und bewusst in Kauf nehmen, dass die Antworten falsch sind bzw. sein könnten.

Es schafft Vertrauen und wirkt kompetent, wenn wir um etwas Geduld bitten, um eine Frage zu klären. Es schafft Misstrauen und Distanz, wenn wir gegebene Antworten zu oft korrigieren müssen, oder der Gesprächspartner die richtige Antwort selbst herausfindet!

Niemand erwartet selbst von einer erfahrenen und kompetenten Person sofort die richtigen Antworten. Allerdings erwarten alle in jedem Fall die **richtigen** Antworten!

Wir sollten also den Mut haben, um etwas Zeit zu bitten, sofern wir uns bei der Beantwortung einer Frage nicht sicher sind. Dann aber sollten wir zuverlässig und zeitnah antworten!

8 Erfolgsverhinderer

Die meisten Erfolgstrainer sprechen über „Erfolgsbausteine“ oder „Erfolgsgewohnheiten“. Ich möchte hier auch ein unpopuläres Thema ansprechen, nämlich „Erfolgsverhinderer":

Beispiele für Erfolgsverhinderer:

- **Neid, gepaart mit Missgunst**

Neid ist an sich kein Erfolgsverhinderer, im Gegenteil: Neid bedeutet ja nur, dass ich das, was der andere hat, auch gerne hätte. Neid gepaart mit Missgunst ist ein Erfolgsverhinderer, weil hier die Bedeutung darin liegt, nicht nur zu wollen, was der andere hat, sondern gleichzeitig dem anderen nicht zu gönnen, was er hat. Anderen Menschen den Erfolg zu gönnen, ist aus meiner Sicht eine der Grundlagen für eigenen Erfolg!

- **Negative Glaubenssätze** (Ich nenne sie „gehirnmanipulierendes Denken und Sprechen“.)

Sie wurden und werden uns „antrainiert“ (also können wir sie uns auch wieder abtrainierten), oder wir haben sie „in die Wiege“ gelegt bekommen, sprich von unseren Eltern und Vorbildern übernommen.

„Ich kann nicht …“

Dieser Satz bewirkt, dass ich das Gefühl der Kontrolle verliere. Ich werde Opfer der Umstände. Andere (Personen, Umstände) entscheiden darüber, ob ich etwas kann/tue oder nicht kann/tue!

Beispiele:

Aussage: „Ich kann andere nicht führen!“
Übersetzung: „Ich bin nicht gut genug.“ „Ich werde mein Ziel (z. B. Position Abteilungsleiter) nicht erreichen.“
Vorschlag: „Führung ist im Moment nicht meine Stärke, aber ich möchte mich hier weiterentwickeln (und die nötigen Schritte unternehmen).“

Aussage: „Ich schaffe es einfach nicht, pünktlich zu sein.“
Übersetzung: „Mein Umfeld/die Umstände entscheiden über meine Zeit.“ „Ich habe keine Kontrolle.“

Vorschlag: „Bisher ist es mir nicht gelungen, pünktlich zu sein, aber ab heute arbeite ich daran, indem ich diese Woche ein Buch über Zeitmanagement kaufe und lese."

Aussage: „Ich kann dich nicht befördern".
Übersetzung: „Ich habe nicht die Kompetenz, dich zu befördern." Oder „Deine Leistung ist nicht beförderungswürdig."
Vorschlag: „Nach Rücksprache mit meinem Vorgesetzten sind wir der Meinung, dass eine Beförderung zu früh ist." Oder „Nach Sichtung deiner Beurteilungen solltest du für eine mögliche Beförderung noch an folgenden Punkten arbeiten."

„Ich habe keine Zeit …" / „Ich hatte keine Zeit …"

Aus meiner Sicht DER „Katastrophensatz" schlechthin. Was soll dieser Satz? Was sagt er aus? Er sagt doch nur aus, dass etwas nicht wichtig genug war! Es ist vielleicht „normal", dass Menschen Unangenehmes oder Unwichtiges aufschieben und es dann mit der „mangelnden Zeit" entschuldigen.

Ja, diese Entschuldigung kommt vielen leicht

über die Lippen. Aber es sagt auch viel darüber aus, welche **Wertschätzung** wir anderen (und uns) zuteilwerden lassen.

Beispiele:

Aussage: „Für Sport habe ich keine Zeit."
Übersetzung: „Sport ist mir nicht wichtig genug."
Vorschlag: „Im Moment liegt meine Priorität nicht auf Sport."

Aussage: „Ich konnte die Aufgabe nicht erledigen, weil ich keine Zeit hatte."
Übersetzung: „Es war mir nicht wichtig genug." „Der Druck war nicht groß genug."
Vorschlag: „Ich hatte meine Prioritäten anders gelegt und werde die Aufgabe heute erledigen."

Aussage: „Alle wollen was von mir, ich komme zu nichts, mir läuft die Zeit davon!"
Übersetzung: „Ich bin Opfer der Umstände und kann mich nicht durchsetzen."
Vorschlag: „Momentan gelingt es mir nicht, die wichtigen von den unwichtigen Aufgaben zu unterscheiden, aber ich werde jetzt ein Buch über Zeitmanagement lesen."

Wer sagt „ich habe keine Zeit“ meint „es ist mir nicht wichtig genug“.

Erscheinen Ihnen meine Thesen zu hart? Dann stellen wir uns folgende Fragen:

- Hatte ich jemals „keine Zeit“, um mein Flugzeug zu erreichen?
- Hatte ich jemals „keine Zeit“, um mein Kind vom Kindergarten abzuholen?
- Hatte ich jemals „keine Zeit“, um zu einer wichtigen Geschäftspräsentation zu erscheinen?
- Hätte ich "keine Zeit", um meinen Lottogewinn abzuholen?

Wenn es wichtig genug ist, haben wir für ALLES Zeit!

Die Grundlage dafür ist eine gute Zeit- und Prioritätenplanung.

"Achte auf deine Gedanken, sie werden deine Worte. Achte auf deine Worte, sie werden deine Handlungen. Achte auf deine Handlungen, sie werden dein Charakter. Achte auf deinen Charakter, er wird dein Schicksal."
(Aus dem Talmud)

„Ich muss …“

Hier gilt der Grundsatz: „Ich muss nichts (außer sterben)!“

Eine beliebte Floskel (diejenigen, die sie sagen meinen es tatsächlich **nicht** als Floskel) lautet: „**Ich muss** heute noch die Präsentation fertigmachen.“

Tatsächlich **müssen Sie nicht**, sondern **Sie wollen** die Präsentation fertigmachen, weil Sie möglicherweise die Folgen des „nicht-fertigmachens“ fürchten (z. B. Ärger mit dem Chef).

Was ist der Unterschied?

Wie zuvor geht es nur darum, das Gefühl und die Überzeugung zu haben, **selbst zu bestimmen,** was ich tue. Natürlich gibt es Situationen, in denen ich es mir eher nicht aussuchen sollte, ob ich etwas tue oder nicht. Aber die Aussage „ich muss“ erzeugt im Allgemeinen den Eindruck der Passivität und der Fremdsteuerung (sehen Sie hierfür nochmals das Schaubild aus Kapitel 2 „Mein 2. Ansatz“).

Beispiele:

Aussage: „**Ich muss** heute noch die Präsentation fertigmachen."
Vorschlag: „**Ich werde** heute die Präsentation fertigmachen, weil ich das meinem Chef zugesagt habe."

Aussage: „**Ich muss** den Zug erreichen."
Vorschlag: „**Ich will** den Zug erreichen, weil der nächste für meinen Termin zu spät ist."

Aussage: „**Ich muss** meiner Frau/meinem Mann helfen."
Vorschlag: „**Ich möchte** meiner Frau/meinem Mann helfen, weil sie/er es alleine nicht schafft und um ihr/ihm eine Freude zu machen.

Diese Sprachmuster zu verändern, ist ein Schritt raus aus der „Opferrolle" und raus aus einer gewissen Ohnmacht, hin in eine gestaltende, selbstgewählte Position. Ich bin davon überzeugt, dass Sie dadurch zu einem Gefühl der aktiven Beherrschung Ihrer Zeit gelangen, anstatt von ihr beherrscht zu werden. Ebenso bin ich davon überzeugt, dass es einen Unterschied macht, ob Sie etwas „**müssen**" oder etwas „**wollen**", ob Sie etwas „**nicht können**" oder ob Sie etwas „**nicht wollen**“, ob Sie für etwas „**keine Zeit**“ hatten oder ob es **nicht wichtig genug** war“! Übernehmen Sie also die Verantwortung für das, was Sie sagen und für das, was Sie tun; **Und auch für das, was Sie nicht tun!** Schließlich haben **Sie** es so gewählt!

„Ich bin halt so …“ bzw. „Diese (negative) Eigenschaft habe ich von meinen Eltern übernommen!“

Bitte machen Sie es sich bei der Feststellung oder beim Zugeben möglicher negativer Eigenschaften nicht zu leicht!

- **Niemand ist „halt so“, das haben Sie selbst gewählt.**
- **Niemand** hat Sie gezwungen, Eigenschaften Ihrer Eltern zu übernehmen. Das haben Sie selbst gewählt.

Natürlich werden wir geprägt durch unsere Kindheit und durch unsere Vorbilder und es ist für den einen oder anderen sicherlich nicht leicht, sich davon „zu lösen“! Aber alleine schon durch die Feststellung (durch eigene Feststellung oder durch Feedback eines anderen), dass Sie unfreiwillig etwas von anderen übernommen haben, **geht die Verantwortung auf Sie über, etwas daran zu ändern!**

- **Die Komfortzone**

Die Komfortzone ist der Bereich unserer Fähigkeiten, den wir beherrschen und uns deswegen darin wohl und sicher fühlen.

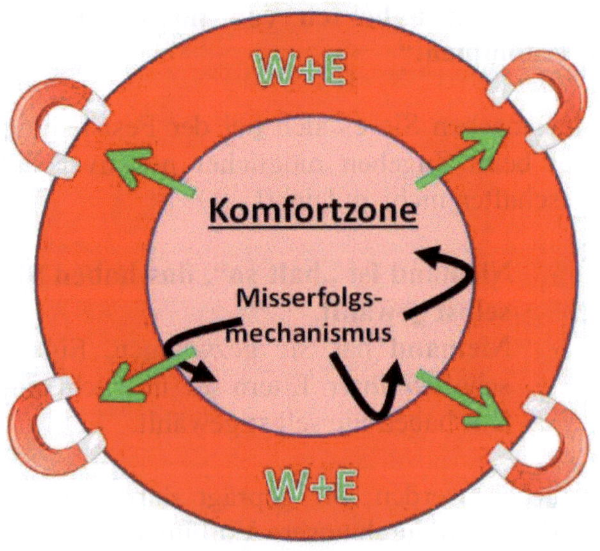

Dadurch ist die Komfortzone der Gegner des Erfolges und somit auch ein Erfolgsverhinderer. Warum? **Weil** Wachstum + Erfolg (W+E) nur **außerhalb** der Komfortzone stattfinden. Innerhalb findet keine Weiterentwicklung statt. Um sich in ihr aufzuhalten, bedarf es keiner besonderen Anstrengung oder Fähigkeit und es lässt sich darin bisweilen auch ganz ordentlich und komfortabel leben.

Warum sollten wir also die Komfortzone verlassen? Weil sich die meisten Ziele außerhalb der Komfortzone aufhalten.

Warum ist es für viele Menschen so schwer, die Komfortzone zu verlassen? Die Komfortzone verlassen bedeutet, handeln zu müssen, und zwar „mehr" als üblich, d. h., es muss mehr Kraft und Energie investiert werden, um aus der Komfortzone herauszutreten. Wir müssen Dinge tun, die uns nicht leicht fallen. Ich muss mich weiterentwickeln.

Ob ich das **will** oder nicht, hängt entscheidend davon ab, **ob** ich Ziele verfolge und **wie wichtig** mir diese Ziele sind. Denn Ziele sind ja **„materielle oder immaterielle Dinge oder Zustände, die wir erreichen wollen, die aber nur außerhalb der gewöhnlichen Tagesabläufe zu erreichen sind."** Gewöhnliche Tagesabläufe sind die Handlungen und Kompetenzen, die wir beherrschen und für die wir keinen zusätzlichen Aufwand betreiben oder zusätzliche Energie investieren müssen.

Deswegen scheitern viele Menschen, sobald sie aus der Komfortzone hinaustreten. Wenn das häufiger passiert, sprechen wir von einem …

Misserfolgsmechanismus!

1. Sie haben **ein Ziel** vor Augen, das Sie sehr motiviert.

2. Sie gehen die Dinge an und erzielen **erste Erfolge**.

3. Sie machen weiter.

4. Plötzlich stockt es – irgendwie geht es **nicht so weiter,** wie Sie sich das vorgestellt haben.

– Sie wollen bereits **zum 5. Mal** abnehmen und bleiben **wieder** an der 90-kg-Marke stehen.

– Sie wollen zum **x-ten Mal** mit dem Rauchen aufhören und fangen **wieder** nach einer Woche an zu rauchen …

– Die Gehaltssteigerung, die Sie sich zum **dritten Mal** vorgenommen haben, gelingt **wieder** nicht …

– Usw.

5. Sie betrachten die Zielerreichung als gescheitert und verbleiben in der Komfortzone!

Sehr häufig scheitern Menschen an der Herausforderung, die dicke Außenwand der Komfortzone zu durchbrechen. Je näher sie ihr kommen, desto größer ist die Anstrengung, dranzubleiben und nicht aufzugeben:

- Wenn Sie bereits 20 kg abgenommen haben und jetzt 90 kg wiegen, müssen Sie sich **noch disziplinierter** an Ihren Ernährungs- und Fitnessplan halten! Der Wächter der Komfortzone (der „innere Schweinehund“) will das verhindern!

- Wenn Sie bereits seit einer Woche nicht rauchen, müssen Sie Ihren Drang/Wunsch nach einer Zigarette **noch disziplinierter** unterdrücken! Der Wächter der Komfortzone (der „innere Schweinehund“) will das verhindern!

- Wenn Sie die Gehaltssteigerung unbedingt haben möchten, müssen Sie Ihre

Terminanzahl endlich auf die **erforderlichen 8 pro Tag erhöhen** und evtl. **eine Zeit lang auf Ihr Hobby verzichten**! Der Wächter der Komfortzone (der „innere Schweinehund“) will das verhindern!

Welche Lösung gibt es? Auf jeden Fall keine Patent-Lösung!

Folgende Fragen können helfen, die Komfortzone zu verlassen:

– Was müsste mich außerhalb der Komfortzone erwarten, um durchzuhalten? (Zielklarheit mit „Können, Wollen, Dürfen“)

– Welche Belohnung müsste ich bekommen, um die Situation zu überwinden/meistern? (Etappenziele festlegen, Belohnungen für erreichte Etappen festlegen …)

Es ist offensichtlich, dass Wachstum und Erfolg (W+E) außerhalb der Komfortzone stattfinden! Daraus folgt, dass Erfolg nur passieren kann, wenn die Komfortzone, also das bewährte, das, was ich sowieso schon

kann, verlassen wird. Außerhalb dieser Zone kann dann auch Weiterentwicklung stattfinden. Es entsteht quasi Bewegung, oft hin zum Erfolg!

„Nicht das Anfangen wird belohnt, sondern das Durchhalten!“

9 Der Umgang mit Misserfolg

Mit Misserfolg umzugehen, ist wohl die größte Herausforderung auf Ihrem Weg zu Ihren Zielen/zu Ihrem Erfolg. Misserfolg bringt uns oft aus der Fassung und gefährdet die Zielerreichung!

Aber: „Menschen sind wie Diamanten: Man muss sie aus der Fassung bringen, um ihren wahren Wert zu erkennen!"

Insofern ist es nicht weiter tragisch, wenn Sie ab und zu „aus der Fassung" geraten. Aber lassen Sie nicht zu, dass Misserfolg oder Rückschläge Sie von Ihren Zielen abbringen!

An meinem eigenen Beispiel möchte ich hier erläutern, **wie man mit Misserfolg umgehen kann.** Eines möchte ich noch vorweg sagen: Es ist immer einfacher, im Nachhinein über Rückschläge nachzudenken, als sie im Moment der Niederlage rational zu analysieren! Die Zeit heilt **doch** einige Wunden …

„Nach meinem Realschul-Abschluss begann ich eine Ausbildung zum Einzelhandelskaufmann. Damals war die Ausbildung so gegliedert, dass man in 2 Jahren zum „Verkäufer" und in 3 Jahren zum „Einzelhandelskaufmann" ausgebildet wurde. Natürlich war die Ausbildung zum „Einzelhandelskaufmann"

beliebter, da sie anspruchsvoller war und dadurch besser bezahlt wurde. Ein „Verkäufer" dagegen genoss geringeres Ansehen.
Wegen meines rebellischen Charakters verwehrte mir mein Ausbildungsbetrieb das 3. Ausbildungsjahr, sodass ich meine Ausbildung „nur" zum Verkäufer abschloss ***(„Misserfolg").*** *Ich fühlte mich dermaßen schlecht behandelt und war so frustriert, dass ich beschloss, in dem, was ich zukünftig tun werde, zu den Besten zu gehören.*
Bei meinem nächsten Arbeitgeber stieg ich mit dieser Einstellung schnell zum Abteilungsleiter auf ***(„Erfolg")****, weil ich mich sowohl fachlich als auch verkäuferisch weiterbildete. Ich erinnere mich sehr gut daran, wie ich damals eine Flasche Sekt öffnete, um das Ereignis zu feiern.*
Als mir, trotz großem Erfolg und trotz zermürbender Diskussionen, weiteres Personal verwehrt wurde, entschied ich mich frustriert zu einem weiteren Arbeitgeber-Wechsel ***(„Misserfolg").***
Bei meinem neuen Arbeitgeber stieg ich anfangs als stellvertretender Abteilungsleiter ***(„Misserfolg")*** *ein, um nach 4 Jahren zum Abteilungsleiter befördert zu werden* ***(„Erfolg").***
Auch hier ging es dann nach 8 wunderbaren

Jahren „zu Ende“, weil die Gründerfamilie die Firma verkauft hatte und der neue Eigentümer eine komplette Umstrukturierung vornahm. Die Position des Abteilungsleiters wurde gestrichen **(„Misserfolg“)***! Nach längerem Zögern entschied ich mich für die Selbstständigkeit in einer völlig anderen Branche und habe hier meine berufliche Erfüllung gefunden! Seit nunmehr 23 Jahren bin ich erfolgreich in der Selbstständigkeit tätig* **(„Erfolg“)***!*

Diese Geschichte soll Ihnen aufzeigen, dass ein Erfolg sehr oft die Folge eines Misserfolges ist.
Wäre ich heute erfolgreicher Unternehmer, wenn ich zuvor nicht die erwähnten Misserfolge gehabt hätte? Diese Frage bleibt wohl für immer unbeantwortet. Ich kann nur sagen, dass mich Misserfolge sehr oft zum Weitermachen und Besserwerden motiviert haben.
Natürlich ist es, wie bereits erwähnt, schwer, im Moment des Misserfolges, des Rückschlages, positiv und motiviert zu bleiben. Aber es hilft in diesen Momenten, kurz innezuhalten und zu prüfen, welche Chancen sich hinter diesem Misserfolg verbergen.
Vergegenwärtigen Sie sich, welche Erfolge Sie bereits hatten und welche Niederlagen evtl. vorausgingen, indem Sie Ihren persön-

lichen Werdegang aufzeichnen!
Welche Erfolge konnten Sie nur erzielen, WEIL sie zuvor eine Niederlage erlitten haben?

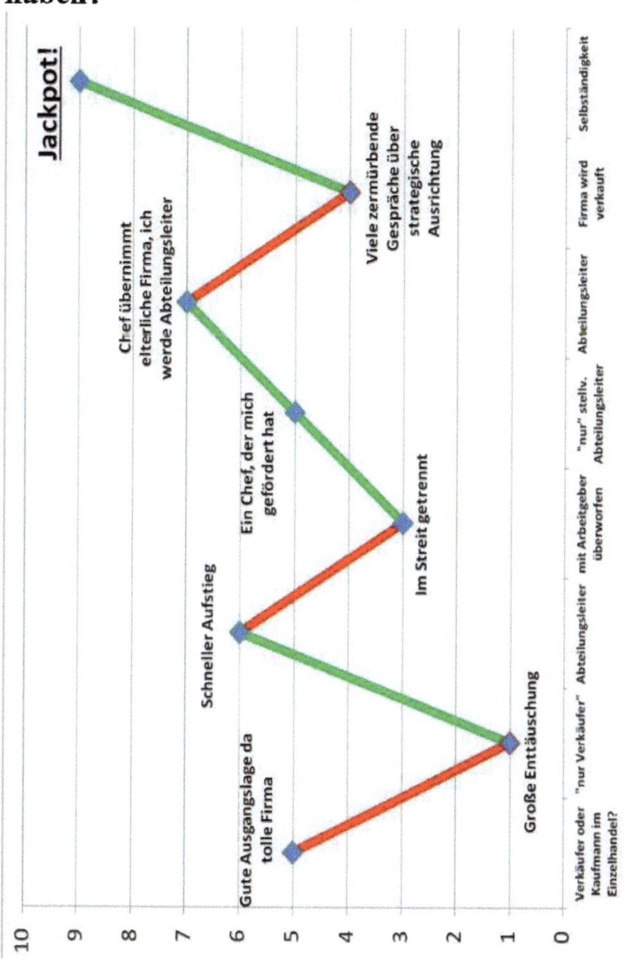

Stimmen Sie mir zu bei der Feststellung: Erfolg und Misserfolg sind gleichgültig?

Ich meine gleich gültig!

Wir benötigen den Misserfolg, um die Kraft und den Willen aufzubringen, ja vielleicht auch die Wut zu verspüren, weiterzumachen, um uns (und den anderen?) zu beweisen, dass wir unsere Ziele erreichen können!

10 Kommunikation oder Interpretation?

Eine wichtige Frage auf dem Weg zur Erfolgsharmonie ist:

Kommunizieren wir schon, oder interpretieren wir noch?

Ich bin der Meinung, dass **viele Probleme auch deswegen entstehen**, weil zu viel interpretiert und zu wenig kommuniziert wird!

Definition von Interpretation:

Aufgrund von Worten, Taten, Gestik, Mimik oder Körperhaltung zu vermuten, was jemand ausdrücken möchte!

Wohlgemerkt liegt man mit der Interpretation oft richtig … aber eben auch oft falsch! Interpretation **kann** die Kommunikation vereinfachen, weil oft wenige Worte benötigt werden, um einen Wunsch oder eine Bitte zu äußern. Z. B. sagt die Frau: „Mir ist kalt." (Das ist eine Feststellung!) Der Mann bringt ihr eine Decke …

Aber oft werden mehr Worte benötigt, wenn

der Lebenspartner oder der Kollege mich „fehlinterpretiert“ hat!

Einige Beispiele:

- Während einer Präsentation „verzieht“ ein Kollege das Gesicht. Was interpretieren wir? (Hat er Schmerzen oder gefällt ihm die Präsentation nicht?)

- Der Vorgesetzte sagt mit abfallender Stimme: „Na das haben Sie ja wieder toll hinbekommen.“ Was interpretieren wir? (War das ein Lob, ist er neidisch, oder habe ich es verhauen?)

- Unser Mitarbeiter meint, nachdem er ein neues Projekt bekommt: „Na super, noch mehr Aufgaben zu erledigen.“ Was interpretieren wir? (Freut er sich über die Aufgabe, oder fühlt er sich durch sie überlastet?)

- Sie kennen bestimmt noch unzählige Beispiele …

Zugegebenermaßen interpretieren wir durch unser Wissen und durch unsere Lebenserfahrung oft das, was unser Gegenüber auch wirk-

lich ausdrücken will. Aber …
Wäre es nicht einfacher, **nicht** zu interpretieren? Prüfen Sie doch einmal diesen Gedanken … Auch wenn die Gefahr einer Fehlinterpretation vielleicht nicht so groß ist. **Nicht** zu interpretieren, ist praktisch, hilfreich und klug! Warum? Weil es durch **Nicht**-Interpretieren **nicht** zu **Fehlinterpretationen** kommt!

Somit gäbe es keine Kommunikationsprobleme mehr!

Stimmen Sie mir zu?

Wir wissen nicht, was Menschen denken oder fühlen. Wir interpretieren ihr Verhalten und sind dann wegen unserer eigenen Gedanken wütend oder beleidigt, weil Interpretieren ein subjektiver, innerer Vorgang ist, der nur mit uns selbst zu tun hat!

Kommunikation:

Was ist Kommunikation? **Kommunikation ist der Austausch und die Übertragung von Information!**

Nochmals zu den aufgeführten Beispielen:
- Während einer Präsentation „verzieht“

ein Kollege das Gesicht. **Nach** der Präsentation sprechen Sie den Kollegen an: „Ich habe wahrgenommen, dass Sie an einer bestimmten Stelle meiner Präsentation das Gesicht „verzogen“ haben. Haben sie vielleicht ein Feedback für mich?“

- Der Vorgesetzte sagt mit abfallender Stimme: „Na das haben Sie ja wieder toll hinbekommen.“ Sie könnten fragen: „Darf ich das genauso verstehen, wie Sie das sagten?“

- Unser Mitarbeiter meint, nachdem er ein neues Projekt bekommt: „Na super, noch mehr Aufgaben zu erledigen.“ Sie erwidern: „Ist dieses Projekt für Sie in Ordnung, oder sind Sie momentan ausgelastet?“

Kommunikation ist der Austausch von Information! Ein sehr gutes Mittel, um an Informationen zu kommen, ist, Fragen zu stellen. Das kostet etwas Zeit und Geduld. Interpretieren geht schnell, aber die Gefahr einer Fehlinterpretation ist allgegenwärtig!

Es gibt Menschen, die **wollen**, dass wir (richtig) interpretieren und es gibt Situationen, berufliche und private, in denen Interpretation sinnvoll ist.

Es ist doch schön, wenn die Frau bei einem Stadtbummel sagt, dass sie Hunger hat und der Mann ihr sofort etwas zu essen besorgen will! Aber die „Gefahren" lauern, denn er müsste fragen:

- „**Was** möchtest du essen?"
- „Möchtest du **jetzt** essen?" (Vielleicht will sie vorher noch in verschiedene Geschäfte gehen und dann essen.)
- „Möchtest du zu Hause essen oder im Restaurant?"

Sie sehen also, dass durch eine Fehlinterpretation die falschen Schlüsse gezogen werden können. Die Frau hätte auch sagen können: „Ich habe Hunger und würde gerne nach dem Stadtbummel in ein schönes Restaurant gehen."

Meine Aufforderung also lautet:
„Kommunizieren Sie so, dass die Gefahr einer Fehlinterpretation auf ein Minimum reduziert wird!"
Weitere Beispiele, in denen Interpretation

durchaus sinnvoll ist, aber auch eine Fehlinterpretation lauert:

1. Der Mitarbeiter, der vor einem Berg von Akten stöhnt, wenn er bemerkt, dass sein Chef gerade vorbeigeht … **(außer** er stöhnt immer, wenn er den Chef sieht …)
   Der Chef interpretiert eine Überlastung des Mitarbeiters:
   Chef: „Fühlen Sie sich gut? Kann ich etwas für sie tun?“
   Mitarbeiter: „Alles bestens!“ (Er ist gestresst, weil seine private Beziehung zurzeit sehr anstrengend ist.)
   Der Chef geht mit dem Gefühl weiter, dass das nicht stimmt und würde daher einer Fehlinterpretation unterliegen, weil das Stöhnen nichts mit den Akten zu tun hat.

2. Das Kind, das traurig aus dem Fenster schaut, weil es regnet … **(außer** es schaut ständig traurig aus dem Fenster …)
   Die Mutter interpretiert, dass das Kind traurig ist, weil es nicht draußen spielen kann:
   Mutter: „Sollen wir in den Indoor-

Spielplatz gehen oder etwas zusammen spielen?"
Kind: „Keine Lust" (Es ist nur traurig, weil es das Eis nicht bekommen hat.)
Die Mutter geht mit einem unguten Gefühl ins Wohnzimmer, weil sie einer Fehlinterpretation unterliegt.

3. Der Lebenspartner, der nicht lächelt, wenn er abends nach der Arbeit nach Hause kommt (**außer** er lächelt nie …)
   Die Lebenspartnerin interpretiert, dass es etwas mit ihr zu tun hat.
   Sie: „Ist alles o. k., sollten wir etwas besprechen?"
   Er: „Nö, alles gut" (Er ist nur traurig, weil Bayern München dieses Jahr **nicht** Deutscher Meister wird.)
   Sie hat durch diese Fehlinterpretation das Gefühl, etwas würde die Beziehung belasten und leidet dadurch!

Wie sollte ich mich also in solchen Situationen verhalten? **Akzeptieren und das Nichtinterpretieren aushalten**! In guten Beziehungen kommen diese Fälle glücklicherweise selten vor, denn gute Beziehungen zeichnen sich durch Offenheit und Ehrlichkeit aus!
Warum habe ich zu jedem Punkt **„außer** …"

geschrieben? Weil es Menschen gibt, die es vorzüglich beherrschen, uns zur Interpretation "zu zwingen", indem sie mit unseren Emotionen spielen und unsere Hilfsbereitschaft ausnutzen.

Sollten wir darauf eingehen? Ich meine nein! Wir sollten grundsätzlich immer die direkte Konfrontation durch Kommunikation suchen.

Schon mal gehört?

Person A: "Ach ja" … (mit leidendem Unterton)
Person B: "Was ist?"
Person A: "Ach nichts"… (noch leidender)
Usw. usw. usw.

Zwischen Mann und Frau, unter Kollegen oder im Unterstellungsverhältnis sind diese „Spielchen“ durchaus üblich!

Nicht zu interpretieren, sollte **langsam** in das berufliche und private Umfeld integriert werden. Die Menschen um uns herum könnten sonst mit dieser Art und Weise überfordert werden! Denn **nicht** zu interpretieren heißt auch, nicht sofort auf jede Anspielung oder

Gestik oder Mimik zu reagieren! Sprechen Sie mit Ihrem Umfeld über Ihre Beweggründe und erklären Sie, **warum** Sie nicht mehr interpretieren wollen. Meiner Erfahrung nach werden Sie überwiegend auf Verständnis stoßen!

Wenn wir uns Nicht-Interpretation zu eigen machen, werden wir keine Kommunikationsprobleme mehr haben!

11 Fragen, erwarten und fordern

Ein weiterer Erfolgsunterstützer ist die **Unterscheidung** zwischen fragen (bitten), erwarten und fordern.
Warum? Weil bei der Verwechslung von fragen, erwarten und fordern regelmäßig die Emotionen aktiviert werden, die auf dem Weg zur Erfolgsharmonie hinderlich sind. Sie erzeugen oft **negative Emotionen**.

Haben Sie folgende Situationen schon einmal erlebt?

- Sie stellen eine **Frage/haben eine Bitte** und **erwarten** eine bestimmte Antwort. Wäre es nicht sinnvoller gewesen, eine **Erwartung** zu formulieren?

- Sie formulieren eine **Erwartung** und **fordern** deren Erfüllung. Wäre es nicht sinnvoller gewesen, eine **Forderung** zu formulieren?

- Sie stellen eine **Forderung** und **sind gar nicht in der Position,** deren Erfüllung zu verlangen. Wäre es nicht sinnvoller gewesen, eine **Frage (Bitte) oder eine Erwartung** zu formulieren?

Leider gelingt es nicht immer, diese Unterscheidung der drei Begriffe in der Kommunikation mit unserem beruflichen oder privaten Umfeld anzuwenden, allerdings ist das Wissen darüber sehr wertvoll und sorgt für mehr **Harmonie** untereinander.

Haben Sie einmal die Unterscheidung verinnerlicht und wenden Sie sie routiniert an, vereinfacht und erleichtert dies die Kommunikation ungemein und hilft dabei, Missverständnissen aber auch Enttäuschungen vorzubeugen.

1. Fragen

Eine Frage sollten Sie stellen, um Informationen zu erhalten bzw. um etwas zu bitten. **Nun ist eine gestellte Frage in ihrer Natur neutral**, d. h., Sie sollten sowohl eine **positive als auch eine negative Antwort** akzeptieren.

Beispiele:

1. „Holst du mich heute Abend von der Veranstaltung ab?“
2. „Gehst du heute einkaufen?“
3. „Machst du die Präsentation für den morgigen Vortrag fertig?“

4. „Schatz, bin ich zu dick?“
5. „Räumst du bitte dein Zimmer auf?“

Jede Art von Antwort zu akzeptieren heißt, dass die befragte Person sowohl positiv als auch negativ antworten **darf**. Es kann passieren, dass Ihnen die Antwort nicht gefällt, weil Sie **eine Erwartung** als Frage formuliert haben. Dies geschieht zum Teil aus Höflichkeit (eine Frage zu stellen ist „sanfter“, als eine Erwartung zu formulieren) und zum Teil aus Respekt (dem Chef gegenüber eine Erwartung zu formulieren, bedarf eines gesunden Maßes an Selbstvertrauen …).

Sollte das so sein, löst eine negative Antwort negative Reaktionen hervor. Was sollten Sie also tun, wenn Sie eine bestimmte Antwort erwarten?

Sie sollten keine Fragen stellen, wenn sie nicht bereit sind, jede gegebene Antwort zu akzeptieren! Sie sollten in diesem Fall eine Erwartung formulieren!

2. Erwarten

Eine Erwartung zu haben, drückt aus, dass Ihnen eine **ganz bestimmte** Reaktion wichtig ist. Menschen, mit denen Sie sich gut verstehen, werden diese Erwartung erfüllen wollen. Um die Erwartung „abzufedern", ist es sinnvoll, eine Begründung zu nennen.

Beispiele:

1. „Da ich evtl. etwas trinken werde, bitte ich dich, mich von der Veranstaltung heute Abend abzuholen."
2. „Geh du bitte heute einkaufen, da ich in der Zwischenzeit das Essen vorbereite."
3. „Da ich heute noch eine Teambesprechung habe, würdest du mir sehr helfen, wenn du die Präsentation für den morgigen Vortrag fertigmachst."
4. „Schatz, wenn du den Eindruck hast, dass ich zu dick bin, wäre es schön, wenn du mich darauf aufmerksam machst. Vielleicht kannst du es ja schonend formulieren."
5. „Da ich den Tisch für uns alle decke, bitte ich dich, dein Zimmer aufzuräumen."

Eine Erwartung ist also die Steigerung zu einer Frage. Sie drückt aus, dass Sie eine bestimmte Reaktion (Antwort) **erwarten** und eine **Nicht-**

Erfüllung nicht erwünscht ist! Dennoch ist es höflich, die Erwartung mit einem „Bitte“ zu versüßen! Die Chance, eine positive Reaktion zu erhalten, ist deutlich größer.

Wir sollten eine Erwartung aussprechen und eine Begründung liefern, wenn wir eine bestimmte Reaktion (Antwort) erwarten!

3. Fordern

Sollten Sie in der Position einer Weisungsbefugnis oder eines Überstellungsverhältnisses sein, haben Sie eine berechtigte Forderung (z. B. offener Geldbetrag, Einlösen eines Versprechens, in einer Beziehung die Wahrheit zu fordern oder einen ungebetenen Gast aufzufordern, zu gehen) **können** Sie natürlich eine **Forderung** aussprechen. Eine Forderung lässt **keinen Zweifel** darüber, welche Reaktion Sie möchten. Dies gilt auch, wenn Sie **vorher** eine **Vereinbarung** getroffen haben und diese nun einlösen möchten.

Beispiele:

1. "Du hast versprochen mich heute Abend von der Veranstaltung abzuholen, weil ich etwas trinken möchte.“

2. „Wir hatten vereinbart, dass du heute einkaufen gehst, wenn ich dir dein Lieblingsessen zubereite."
3. „Gerlinde, bitte stelle bis morgen die Präsentation fertig, da der Finanzvorstand extra darum gebeten hat."
4. „Räume jetzt bitte dein Zimmer auf, da später Oma kommt und wir in den Zoo wollen."

Auch eine Forderung sollte, aus Gründen der Höflichkeit, mit einem „Bitte" versehen werden!

Was wir nicht unterschätzen sollten:

Eine nicht erfüllte Forderung ohne angemessene Reaktion von dem, der fordert, ist ein **Spatenstich für das Begräbnis unserer Kompetenz oder unserer Stellung/Position** der anderen Person gegenüber.

Was meine ich damit?

Stellen wir uns vor, wir stellen eine berechtigte Forderung, die der andere nicht erfüllt. Wie oft können wir zukünftig weiterhin Forderungen aussprechen, wenn wir bei **Nichterfüllung nicht reagieren?**

Wenn eine Forderung nicht erfüllt wird, **müssen** wir nachhaken und die geeignete Reaktion zeigen.

„Eine geeignete Reaktion ist das **richtige Verhältnis** zwischen der **Wichtigkeit der Forderung** und der **Erfüllungsquote in der Vergangenheit!“**

Diagramme zur Verdeutlichung:

1. Bei gleichbleibender Erfüllungsquote

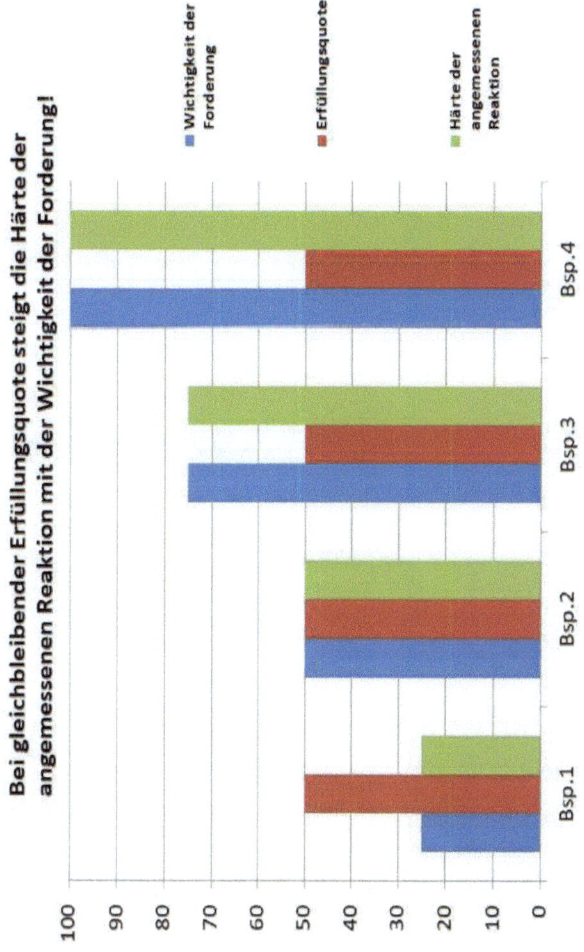

.2. Bei steigender Erfolgsquote

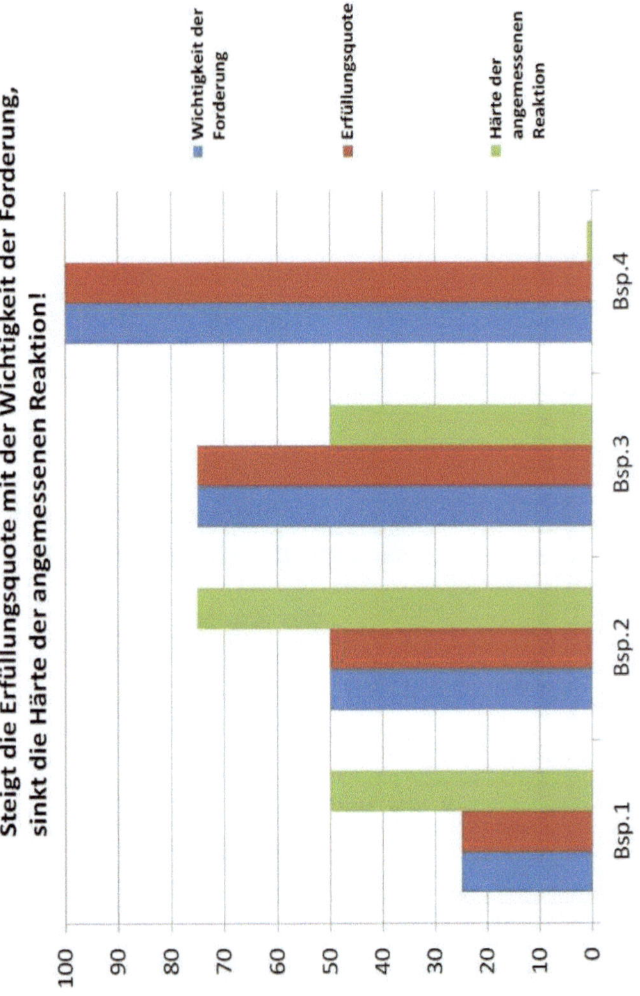

Es gibt also eine gewisse **Wichtigkeit** Ihrer Forderung und einen **Erfahrungswert,** wie **zuverlässig Ihren Forderungen in der Vergangenheit nachgekommen wurde.** Aus diesem Verhältnis ergibt sich die **angemessene Härte Ihrer Reaktion.**

Deswegen gilt im Allgemeinen:

Gehen Sie sparsam mit Forderungen um! In einem beruflichen oder privaten Umfeld von Verständnis und Harmonie sind Forderungen (fast) nicht notwendig!

Hier nun Beispiele, wie Sie bei Nichterfüllung der o. g. Forderungen reagieren können:

1. "Du hattest versprochen, mich heute Abend von der Veranstaltung abzuholen, weil ich etwas trinken möchte."
   Beispielhafte Reaktion bei nicht erfüllter Forderung: „Ich finde das nicht in Ordnung!" (Geringe Wichtigkeit, hohe Erfüllungsquote)
2. „Wir hatten vereinbart, dass du heute einkaufen gehst, wenn ich dir dein Lieblingsessen zubereite."
   Beispielhafte Reaktion bei nicht erfüllter Forderung: „Dann brauchen wir zu-

künftig keine Vereinbarungen mehr zu treffen, wenn du dich sowieso nicht daran hältst!" (Mittlere Wichtigkeit, niedrige Erfüllungsquote)

3. „Gerlinde, bitte stelle bis morgen die Präsentation fertig, da der Finanzvorstand extra darum gebeten hat."
   Beispielhafte Reaktion bei nicht erfüllter Forderung: Abmahnung! (Hohe Wichtigkeit, niedrige Erfüllungsquote)
4. „Räume jetzt bitte dein Zimmer auf, da später Oma kommt und wir in den Zoo wollen."
   Beispielhafte Reaktion bei nicht erfüllter Forderung: Zoobesuch streichen! (Hohe Wichtigkeit, niedrige Erfüllungsquote)

Wie bereits erwähnt, ist auch bei einer Forderung ein höfliches „Bitte" angebracht und sinnvoll!

Ein lohnendes Ziel wäre es doch, in einem intakten beruflichen und privaten Umfeld mit so wenigen Forderungen wie möglich auszukommen. Was wir dazu benötigen?

Wenn Sie selbst zuverlässig und vertrauensvoll sind und Ihr Umfeld weiß, dass es sich auf

Sie verlassen und Ihnen vertrauen kann, wird es i. d. R. Ihre **Erwartungen** erfüllen, sodass Sie erst gar nicht ins **„Fordern"** kommen müssen.

„Sie sollten keine Forderungen stellen, wenn Sie die Nichterfüllung ignorieren!"

Hier nochmals die obigen Beispiele in der Zusammenfassung:

Frage: "Holst du mich heute Abend von der Veranstaltung ab?"
Mögliche Reaktion? Ja oder nein!

Erwartung: "Da ich evtl. etwas trinken werde, bitte ich dich, mich von der Veranstaltung heute Abend abzuholen."
Wahrscheinliche Reaktion? Ja!

Fordern: "Beim letzten Fest durftest du etwas trinken und **wir hatten vereinbart**, dass ich heute etwas trinken darf, o. k.?"
Wahrscheinlichste Reaktion? Ja!

12 Was meine Freunde sagen ...

Auch wenn wir wollen, können wir es nicht jedem recht machen. Das ist für manche sicherlich schwer zu ertragen, aber gut zu wissen!

Es wird immer wieder Situationen geben, in denen Sie Menschen enttäuschen, oder in denen Sie selbst enttäuscht werden. Häufig hat eine Enttäuschung allerdings positive Aspekte, denn Sie werden (sind) dann **ENTTÄUSCHT**, die Täuschung ist beendet! Was meine ich damit? Hier einige Beispiele:

1. Ihr Chef möchte Sie in eine Position befördern, die einen Umzug ins Ausland bedingt. Sie zeigen sich geehrt und sind gewillt, seinem Wunsch zu entsprechen, aber eigentlich wollen Sie diese Position nicht. Sollen Sie ihn ENT-TÄUSCHEN und die Beförderung ablehnen, oder ihn täuschen und die Position annehmen?

2. Ihr Trainer will unbedingt die Meisterschaft gewinnen. Ihnen und Ihren Mitspielern ist der Trainingsaufwand allerdings zu hoch. Sollten Sie ihn ENT-

TÄUSCHEN und ihm **sofort** die Wahrheit sagen, oder so tun, als wenn Sie auch die Meisterschaft gewinnen wollen?

3. Ihre Lebenspartnerin möchte unbedingt in Ägypten Urlaub machen. Sie möchten unbedingt in die Karibik, weil Ägypten aufgrund der instabilen politischen Situation überhaupt kein Thema für Sie ist. Sollten Sie sie ENT-TÄUSCHEN und **sofort** sagen, dass Ägypten nicht infrage kommt, oder lassen Sie sie einen Monat lang den Urlaub planen, um dann widerwillig mitzugehen oder kurzfristig abzusagen?

Fazit: Wie fühlen sich Ihr Chef, Ihr Trainer und Ihr Lebenspartner, wenn sie irgendwann erfahren, dass Sie von Anfang an ihre Ansichten in Bezug auf ihre Ziele nicht teilen? Wäre es besser gewesen, früher mit der Täuschung aufzuhören, sie früher zu **ENT-TÄUSCHEN**?

Viele Menschen haben nicht den Mut, sich klar für oder gegen eine Sache zu bekennen. Die Gründe hierfür können vielfältig sein:

- Angst vor beruflichen Nachteilen

(„Chef, die Position, die Sie für mich im Ausland vorgesehen haben, möchte ich aus familiären Gründen nicht annehmen.“)
Mögliche Folgen: Der Chef vergibt den Posten an einen Kollegen und Sie riskieren, in Zukunft nicht mehr berücksichtigt zu werden!

- Angst vor Konsequenzen („Trainer, mit dieser Mannschaft werden wir die Meisterschaft nie gewinnen!“)
  Mögliche Folgen: Sie werden nach dieser Aussage nicht mehr berücksichtigt und finden sich dauerhaft auf der Auswechselbank wieder!

- Angst vor Beziehungsproblemen („Schatz, spare es dir, zu viel Zeit in die Planung zu investieren. Wir werden definitiv nicht nach Ägypten fliegen!“)
  Mögliche Folgen: „Schatz“ ist enttäuscht und plant diesen Urlaub mit den Eltern!

Ich sage **nicht,** dass wir immer und überall **ENT-TÄUSCHEN** sollen. Es gibt sicherlich ab und zu berechtigte Gründe, warum man die Täuschung aufrechterhalten sollte. Es geht mir darum, aufzuzeigen, dass wir mit mehr Mut und mit mehr Selbstvertrauen unsere Bedürfnisse verteidigen sollten. Dieses Wohlbefinden ist auch ein Teil der „Erfolgsharmonie“.

„Werden Sie ein positiver Egoist!“

„Ein positiver Egoist ist eine Person, die ihre Entscheidungen und Handlungen überwiegend aus der egoistischen Perspektive trifft bzw. tätigt und dabei ein gesundes Maß an Verständnis für die Bedürfnisse anderer aufbringt.“

Zu **eigenen** Enttäuschungen kann es kommen, wenn wir feststellen, dass unsere Stärken, von Menschen, die uns nicht mögen, als Schwäche dargestellt werden.

Auf Ihrem Weg zum Erfolg werden Ihnen die unterschiedlichsten Menschen begegnen:

Auf der einen Seite…

- Förderer (helfen, die richtigen Entscheidungen zu treffen)
- Optimisten (sprechen Ihnen Mut zu)
- Mentoren (fördern Sie menschlich und fachlich)

- Freunde (unterstützen Sie)
- Begleiter (sind einfach für Sie da)

Auf der anderen Seite…

- Pessimisten (bremsen Sie in Ihren Ideen)
- Konkurrenten (wollen Ihren Erfolg verhindern oder ihn selbst erzielen)
- Gegner (haben selbst keine Ziele, wollen dennoch Ihren Erfolg verhindern)

Je nachdem, wer über Ihre Stärken spricht, definiert sie unterschiedlich!

„Was Ihre Freunde als Stärke sehen, ist für Ihre Gegner eine Schwäche."

Wieder einige Beispiele, die verdeutlichen sollen, dass jede positive Eigenschaft gleichzeitig eine negative ist. Lassen Sie sich also nicht beirren …

- Für die einen sind Sie **konsequent** – für die anderen **stur und uneinsichtig.**

- Für die einen sind Sie **pflichtbewusst und zuverlässig** – für die anderen ein

"Streber".

- Für die einen sind Sie **verständnisvoll** – für die anderen **inkonsequent.**

- Für die einen sind Sie **zielorientiert** – für die anderen **rücksichtslos.**

- Für die einen sind Sie **ausgeglichen** – für die anderen **emotionslos.**

- Für die einen sind Sie **zufrieden** – für die anderen **ziellos und faul.**

- Für die einen sind Sie **harmoniebedürftig** – für die anderen **weich und inkonsequent.**

- Für die einen sind Sie **sachorientiert** – für die anderen **gefühllos.**

- Für die einen sind Sie **fokussiert** – für die anderen **egoistisch.**

- Für die einen sind Sie **intelligent** – für die anderen ein **"Klugscheißer".**

- Für die einen sind Sie **effektiv** – für die anderen **sachorientiert.**

- Für die einen sind Sie **ehrlich** – für die anderen **taktlos, gefühllos.**

- Für die einen sind Sie **selbstsicher** – für die anderen **arrogant.**

Jede positive Eigenschaft hat auch ihre Kehrseite! Je nachdem, wer über Sie spricht, wird diese Eigenschaft als positiv ansehen oder eben nicht!

Die wichtigste Meinung, auf die Sie Wert legen sollten, ist Ihre!

Mit dieser Erkenntnis bewegen Sie sich wieder einen Schritt in Richtung Erfolgsharmonie, denn ein sehr wichtiger Teil der Erfolgsharmonie besteht darin, was und wie Sie über sich selbst denken!

13 Die 4 Lebensbereiche

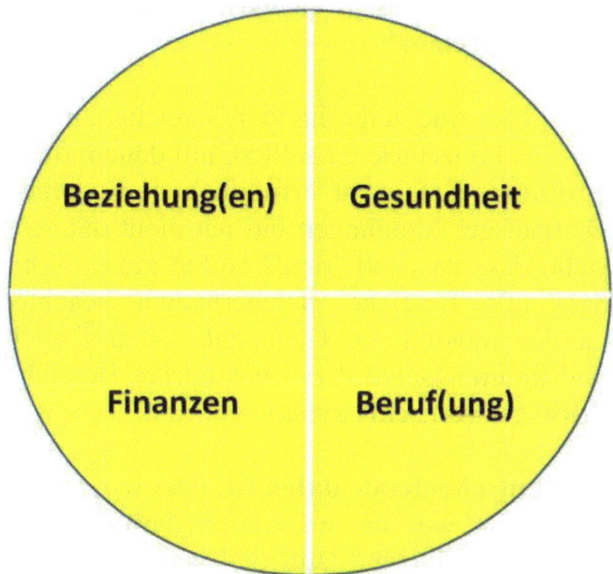

Ich bin davon überzeugt, dass der Mensch grundsätzlich nach Zufriedenheit strebt. Dabei definiert selbstverständlich jeder selbst, was ihn „zufrieden“ macht.

Ist es bei dem einen die berufliche Erfüllung, so kann es bei anderen der finanzielle Status, die eigene Gesundheit oder harmonische Beziehungen sein. Meines Erachtens sind es die 4 oben genannten Lebensbereiche, die, in unterschiedlicher Ausprägung, für ein erstrebenswertes Maß an Zufriedenheit sorgen.

Ich nenne es das „Lebensrad“ oder „Die 4 Lebensbereiche“

Das Lebensrad zeigt die vier Bereiche, auf die wir uns konzentrieren sollten, um dauerhaften, **gesunden Erfolg zu ermöglichen**. Entgegen weitläufiger Meinungen bin ich nicht der Ansicht, dass das Rad "rund" laufen muss, d. h., dass alle Bereiche gleichermaßen beachtet werden müssen. Im Gegenteil: Es darf auch mal unrund laufen, bzw. wir dürfen Bereiche **zeitweise** vernachlässigen!

Das Entscheidende dabei ist, dass wir wissen bzw. dass wir uns im Klaren darüber sind, **wann** es nicht rund läuft und **warum** das gerade so ist!

Sicherlich können Sie sich ausmalen, was passiert, wenn Sie einen oder mehrere Bereiche dauerhaft vernachlässigen:

- **Beziehungen**: Trennung vom Lebenspartner, Freunde wenden sich ab …

- **Gesundheit**: unvorteilhafte Gewichtszunahme, körperliches Unwohlsein, schlechter Fitnesszustand, der Vernachlässigung von Gesundheit folgt häufig erhöhter Nikotin- und Alkoholkonsum …

- **Finanzen:** Unzureichende Absicherung im Schadensfall, schlechte, bzw. ungeeignete Geldanlagen oder sogar überhaupt keine Rücklagen....

Es gibt Menschen, die sagen: „Geld ist nicht wichtig!" Ich glaube, dass sie mit dieser Behauptung zu sich und zu anderen nicht ehrlich sind. Wenn es überhaupt jemand über sich behaupten kann, dann...

1. Menschen, die keines haben!
2. Menschen, die extrem viel davon haben!

Nun, es gibt einen einfachen Test, wie Sie eine solche Behauptung auf ihren Wahrheitsgehalt hin, überprüfen können. Fragen Sie (evtl. sich selbst, falls Sie zu einem der zwei Personenkreise gehören):

- „Würdest du eine Gehaltserhöhung/Erbschaft/ ablehnen oder spenden?"

- „Würdest du den Großteil deines Geldes/Gehaltes spenden?"

Die Antworten sind meistens ablehnend, erklärend und rechtfertigend!
Für die allermeisten ist Geld wichtig, um sich die Dinge zu leisten, die ihre Bedürfnisse befriedigen.
Sollten Sie also zu diesem Personenkreis gehören, stehen Sie zu Ihrem Ziel, so viel Geld zu haben/verdienen, wie Sie es für richtig halten! Sagen Sie einfach: „Ja, Geld ist für mich wichtig!"

- **Berufung:** Unzufriedenheit, Unausgeglichenheit, Sinnlosigkeit der täglichen Arbeit, Burn-out, Bore-out (das Gegenteil von Burn-out)…

Ein Beispiel:
Sie haben das Ziel, in einer bestimmten Zeit ein bestimmtes Ergebnis zu erzielen/eine bestimmte Aufgabe zu erledigen. Die Aufgabe scheint machbar, ist aber ebenso herausfordernd und Sie wissen, dass Sie mit großer Wahrscheinlichkeit zeitweise über Ihre Grenzen gehen müssen, d. h.:

Sie werden eine Zeit lang Bereiche (den Lebenspartner, die Gesundheit,...) aus dem Lebensrad vernachlässigen müssen, um dieses Ziel zu erreichen!

Dies kann auch erst später, z.B. auf der Zielgeraden, notwendig werden, da die berühmten „letzten Meter" oft die schwierigsten sind!

Wichtig sind hierbei drei Dinge (Handlungsempfehlung):

1. Sie sind sich im Klaren darüber, dass Sie gerade einen oder mehrere Bereiche vernachlässigen. Wie Sie das schaffen? Im Idealfall durch das Feedback einer Respektsperson. Im schlimmeren Fall durch Schlafstörungen (Gesundheit), Rücklastschriften (Finanzen), oder Streit mit dem Lebenspartner (Beziehungen). Bitte holen Sie sich regelmäßig Feedback, wenn Sie sich auf Ihren Erfolgsweg machen!

2. Informieren Sie die Personen in Ihrem Umfeld, dass sie womöglich für eine bestimmte Zeit vernachlässigt werden, und bitten Sie um Verständnis!

3. Setzen Sie sich einen Termin, bis wann Sie den/die (anderen) vernachlässigten Bereich(e) wieder in den Fokus stellen!

Somit behalten Sie die Kontrolle über die vier Lebensbereiche und verhindern „böse Überraschungen“! Die Kontrolle zu haben, heißt, sich im Klaren zu sein darüber, dass in einem oder mehreren Bereichen ein gewisses Maß an Nachholbedarf zu erfüllen ist. Fatal wird es, wenn Sie die Kontrolle verlieren und, häufig zu spät, bemerken, dass ein oder mehrere Bereich(e) nachhaltig gestört ist (sind)!

Beispielhafte Disharmonien (sowohl bewusste als auch unbewusste) im Bereich …

– Beziehungen:

– Ihre Lebenspartnerin eröffnet Ihnen, dass sie sich vernachlässigt fühlt (aufgrund Ihres beruflichen Engagements, Ihrer intensiven sportlichen Aktivität oder weil Sie viel Zeit mit Ihren Kumpels verbringen) und sich darüber Gedanken macht, ob die Beziehung noch von beiden gewollt wird. Sie sagt zwar, dass sie versucht hat, mit Ihnen darüber zu reden, aber Sie haben das einfach nicht zur Kenntnis genommen.

Häufige Reaktion: Sie sind natürlich anderer Meinung und argumentieren, welche Vorteile sie gemeinsam durch dieses Engagement hätten (Anerkennung im privaten Umfeld, tolle Urlaube, großzügige Wohnung etc.). Die Steigerung dazu wäre, den Vorwurf der „mangelnden Unterstützung“ zu machen („Da rackere ich mich ab, um uns ein angenehmes Leben zu ermöglichen und du kritisierst mich.“)

Sie erklären gegebenenfalls, dass Ihre sportlichen Aktivitäten bzw. die gemeinsame Zeit mit Ihren Kumpels sehr wichtig für Sie sind und Ihnen aus Ausgleich für den stressigen Job dienen.

Mögliche Lösung:

Planen Sie regelmäßige Zeiten ein, in denen Sie **voll und ganz** beim Lebenspartner/bei der Familie sind. „Voll und ganz“ heißt: keine E-Mails, kein Telefonat, und am besten … HANDY AUS!!! Gehen Sie regelmäßig gemeinsam frühstücken, abends ins Restaurant, ins Kino, ins Fitness-Studio, zum Tanz- oder Kochkurs, oder, oder, oder …

Notieren Sie sich diese Termine in Ihrem Kalender **und halten Sie sich daran!**

– **Gesundheit:**

– Ein Kollege meint, Sie hätten etwas zugenommen und Ihnen wird bewusst, dass Sie wegen des Zeitdrucks, ein bestimmtes Projekt beenden zu müssen, schon lange keinen Sport mehr betrieben haben …

Beliebte Ausrede: „Ich habe gerade keine Zeit für Sport …“

Wie schon in vorherigen Kapiteln beschrieben, neigt der Mensch dazu, den bequemsten Weg zu gehen und sich dabei noch selbst einzureden, dass dieser Weg der richtige ist. Was dahinter steckt, ist für objektive Betrachter nur zu offensichtlich: „Eigentlich haben Sie generell keine Lust, Sport zu betreiben. Sie sind also zu bequem und verkaufen es sich selbst als „Ich-habe-keine-Zeit.“

Mögliche Lösung:

Einen Vertrag in einem Fitness-Studio abzuschließen, **reicht nicht aus!** Auch hier benötigen Sie feste Termine **in Ihrem Timer**! Fangen Sie sanft an (abhängig von Ihrem Fitness-Zustand)! Viele sportliche Vorsätze scheitern, weil die Betreffenden „von 0 auf 100“ und die Versäumnisse der Vergangenheit in kürzester Zeit aufholen wollen.

– **Finanzen:**

Wie oft machen wir einen Finanz-TÜV? Ein Finanz-TÜV heißt, alle Versicherungen und Geldanlagen zu

– hinterfragen (ist der damalige Abschlussgrund heute noch aktuell?)

- aktualisieren (gibt es Tarif- oder Gesetzesänderungen, die Sie berücksichtigen sollten?)

– neu strukturieren (gibt es Verbesserungspotenzial, kann und will ich meinen Sparbetrag erhöhen?)

Zeitraum? Alle 2 Jahre! Wie oft nehmen **Sie** sich dafür die Zeit?

Mögliche Lösung:

Suchen Sie sich einen Finanzberater (am besten auf Empfehlung aus Ihrem Freundeskreis) und beauftragen Sie ihn damit! Wenn Sie nicht zufrieden sind, wechseln Sie ihn aus, und zwar so lange, bis Sie „den Richtigen“ gefunden haben!

- **Beruf(ung)**

"Die Firma/Branche ist nicht mehr das, was sie mal war. Früher, ja früher war das noch so, dass ich mich damit identifizieren konnte, aber heute ...??? Ich kann das mit meinen Werten nicht vereinbaren!"

So oder so ähnlich kann es sich anhören, wenn wir innerlich gekündigt haben! Oft ist es auch der Chef, mit dem wir nicht klarkommen ...

Innere Kündigung! Sehr viele leben damit ... Dauerhaft sicherlich kein Baustein für Harmonie.

Beliebte Ausreden:

„Ich kann nicht kündigen, wer weiß, ob ich so ein Gehalt wieder verdienen werde." Oder: „Wenn ich kündige, ist es woanders womöglich schlimmer." Oder: „Ich habe so viel investiert (Zeit, Geld), um so weit zu kommen." ... usw.

Mögliche Lösung:

Eine Lösung für berufliche Disharmonie ist sicherlich ebenso individuell, wie eine Lösung für die anderen Bereiche. Selbstverständlich könnten Sie

- sich weiterbilden für andere/höhere Aufgaben innerhalb oder außerhalb der aktuellen Firma
- generell einen Arbeitgeber-/oder Branchenwechsel in Betracht ziehen
- die Möglichkeit prüfen, ob eine Selbständigkeit innerhalb oder außerhalb Ihrer Fachrichtung in Frage kommt

Andere Betrachtungsweise

Ich möchte eine andere Betrachtungsweise nachliefern, warum Sie die 4 Lebensbereiche diszipliniert beachten und dem Bereich Beruf(ung) keinesfalls (was aus meiner Erfahrung leider zu oft geschieht) weniger davon schenken sollten.

Warum dieser Bereich häufig weniger beachtet wird?

Weil die Betroffenen den **Beruf** als „gegeben" hinnehmen und Überlegungen zu beruflichen Veränderungen oft mehr Stress verursachen, als tatsächliche Veränderungen in anderen Bereichen!

Lassen Sie sich bitte auf diese Überlegung ein:

Der Tag hat 24 Stunden! Ich denke, Sie stimmen mir grundsätzlich zu, wenn ich folgende Aufteilung vornehme:

- 8 Stunden schlafen
- 8 Stunden arbeiten
- 8 Stunden Freizeit

Die 8 Stunden, die Sie schlafen, sind eher weniger beeinflussbar (außer vielleicht mit einer tollen Matratze...)

Fragen Sie sich nun: wenn die 8 Stunden, die Sie arbeiten **(können alle 4 Lebensbereiche beeinflussen!)** und die 8 Stunden, die Sie Freizeit haben (können überwiegend die Bereiche **Beziehung((en))** und **Gesundheit** beeinflussen) **vernachlässigt werden**, welche „Harmonie" hätten Sie dann in Ihrem Leben? Natürlich sollten Sie sich diese Frage generell regelmäßig und für alle 4 Bereiche stellen!

Ich möchte damit ausdrücken, dass einerseits jeder vernachlässigte Bereich alle anderen negativ beeinflussen kann, andererseits der Bereich Beruf aus meiner Erfahrung heraus der Bereich ist, der alle anderen dominiert.

Ich kenne Menschen (und Sie wahrscheinlich auch), die in der Ausübung ihres **Berufes** überhaupt keine Freude, geschweige denn Erfüllung empfinden. Viele von ihnen versuchen dann, durch **Übersteuerung** von **einem** anderen, oder im schlimmsten Fall, von **allen anderen Bereichen**, einen Ausgleich für diesen Mangel zu schaffen. Z.B. **kaufen** sie sich Dinge, die sie nicht benötigen **(Finanzen)**, um Kollegen zu beeindrucken, die sie nicht mögen. Sie haben häufiger wechselnde **Beziehungen**, um sich die Anerkennung zu holen, die sie in ihrem **Beruf** nicht bekommen. Oder aber sie verfallen in extreme Essgewohnheiten oder Sportaktivitäten **(Gesundheit)**, um sich hierüber Aufmerksamkeit zu erhaschen. Die Folgen sind nicht selten eine völlig außer Kontrolle geratene Harmonie (und somit Disharmonie) der 4 Lebensbereiche!

Bildlich dargestellte Disharmonie, Variante 1: Kompensation von Mängeln in den einzelnen Bereichen

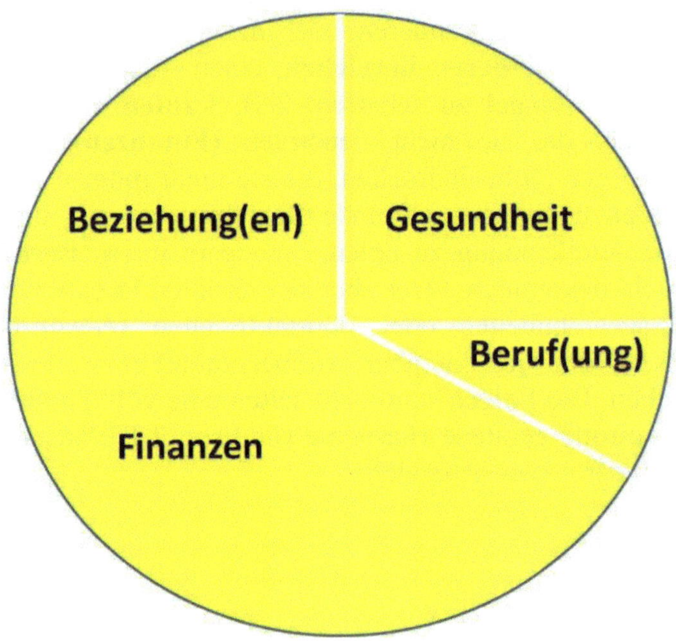

Eine Möglichkeit (1)

Berufliche Disharmonie kann zu übertriebenem Ausgabeverhalten führen (Wunsch nach Anerkennung)

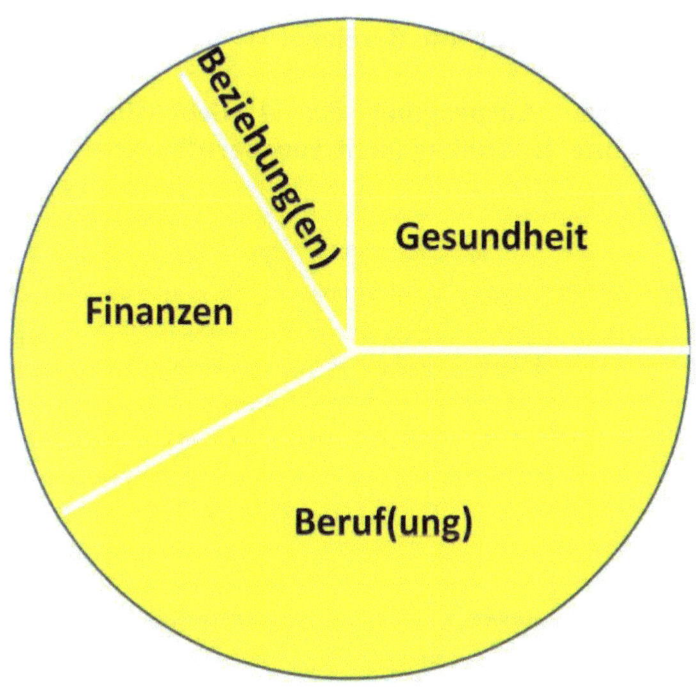

Eine weitere Möglichkeit (2)

Private Disharmonie **(Beziehung)** kann zu übertriebenem Einsatz im beruflichen Bereich führen

Leider sind die Folgen von Disharmonien in den 4 Lebensbereichen oft nicht so einfach zu erkennen, wie ich es hier in diesen 2 Beispielen beschreibe. **Die Folgen von Disharmonien einzelner oder**

mehrerer Bereiche sind meist komplexer und betreffen häufig alle Bereiche!

Mögliche Ausprägung der 4 Lebensbereiche, Variante 1: Abhängigkeit von beruflichen Erfolgen

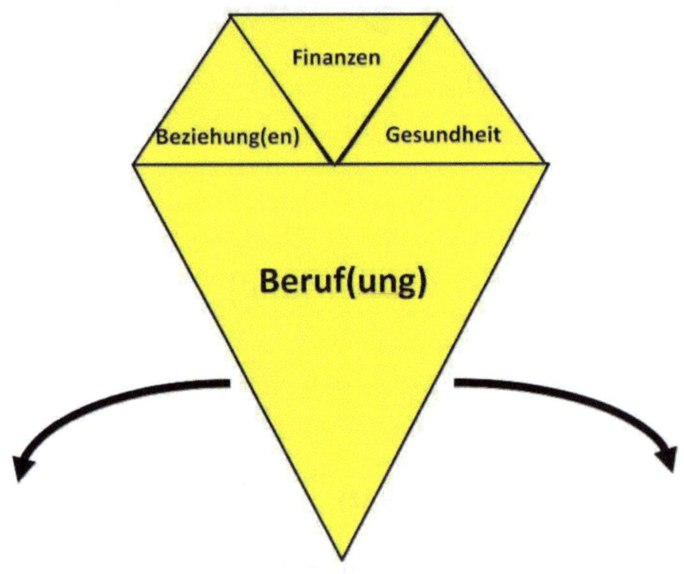

Was passieren kann, wenn Sie Ihr Wohlbefinden und Ihr "Glück" zu sehr an berufliche Erfolge knüpfen, bzw. die verbleibenden 3 Lebensbereiche von Ihrem beruflichen Glück/Erfolg abhängen, verdeutlicht diese Grafik eindrucksvoll!

Wenn der berufliche Erfolg „kippt" (ausbleibt), dann kippen (leiden) auch die restlichen Lebensbereiche! Viele Menschen identifizieren sich über den beruflichen Erfolg. Dort holen sie sich Anerkennung und auch den Sinn ihres beruflichen Tuns (in extremer Ausprägung auch den Sinn des Lebens). Und es ist die Absicherung der eigenen Stellung in diesem Umfeld. Wenn Sie Ihre Karriere dauerhaft vor dem Gleichgewicht der anderen Lebensbereiche stellen, riskieren Sie, dass Sie alles verlieren, wenn der Erfolg ausbleibt oder Rückschritte macht. Dies gilt natürlich immer, wenn ein oder mehrere Bereich(e) zu dominant werden.

Die 4 Lebensbereiche kippen sprichwörtlich um, weil **nur ein Bereich** (in diesem Fall **„Beruf(ung)"** kippt!

Es ist meiner Überzeugung nach völlig in Ordnung und oft sogar notwendig, für den beruflichen Erfolg viel Zeit zu investieren. Wenn es Ihnen durch Disziplin und ein gutes Zeitmanagement gelingt, in den anderen Bereichen eine „sinnvoll" genutzte und intensive Zeit "zu berücksichtigen", steht einer Balance in allen Lebensbereichen nichts im Wege.

Beispiele für sinnvoll und intensiv:

- 10 Stunden im Büro sitzen, oder nur 8 Stunden sinnvoll, effektiv und zielorientiert nutzen?
- 3 Stunden ins Fitness-Studio, oder nur 2 Stunden mit kürzeren Klatsch-Tratsch- und Trainingspausen?
- Abends 1 Stunde mit meinen Kindern spielen, oder zur Gewissensberuhigung 2 Stunden „körperlich anwesend sein"?
- Jeden Tag eine Stunde Meeting mit meinen Mitarbeitern, oder nur 3x die Woche ohne „blabla"?

Die Frage ist also:

Wie nutzen Sie die Ihnen zur Verfügung stehende Zeit? Der Tag hat 24 Stunden, immer und für Jeden!

„Es liegt an Ihnen und es ist Ihr freier Wille, diesen Stunden eine Erfüllung, einen Sinn, einen Inhalt zu geben."

Natürlich bedarf es einer gehörigen Portion Disziplin, um die 4 Lebensbereiche im Einklang zu halten. Aber ich kann Ihnen versichern:

„Es lohnt sich!"

Die 4 Lebensbereiche in anderer Form dargestellt:

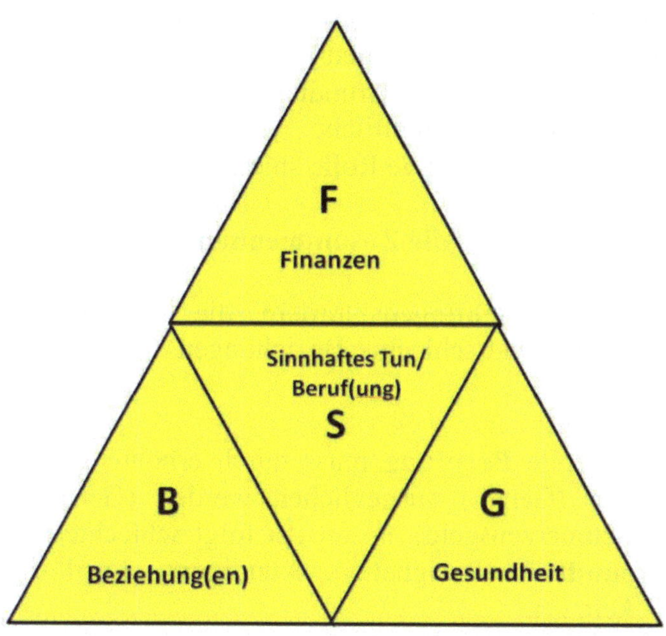

Aus meiner Sicht sind die Bereiche Beziehungen und Gesundheit die langfristige **Grundlage** für dauerhaften, gesunden Erfolg. Wer gute Beziehungen und eine gute Gesundheit hat, findet leichter bzw. strebt eher nach einer Beruf(ung). Mit Beruf(ung) meine ich einen Beruf auszuüben, der Spaß macht, Sinn ergibt, eine berufliche Zielerreichung ermöglicht und mit meinen Plänen, Werten und Überzeugungen übereinstimmt. Wer darüber nicht verfügt, ist zu sehr damit beschäftigt, danach zu suchen (z.T. bewusst, oft unbewusst)! Die „Berufung" fügt sich, bildlich gesprochen, ideal in „Beziehungen" und „Gesundheit" ein. Die „Berufung" wiederum bildet die Grundlage für gesunde oder auch überdurchschnittliche „Finanzen" (sofern Finanzen eine wichtige Rolle spielen!).

Schauen wir uns die Zusammenhänge näher an:

- Gute **Beziehungen** fördern die **Gesundheit**, ebenso wie schlechte Beziehungen „krank" machen.

- Fehlende **Berufung** muss durch erhöhte **Finanzen** (Gehalt) ausgeglichen werden (Gehalt = Schmerzensgeld), ansonsten folgt schlechte **Gesundheit** (Resignation, Kündigung, Lustlosigkeit, ...).

- Gleichzeitig reduziert **„Berufung“** die Dominanz von **„Finanzen"** (wer aus Überzeugung handelt, achtet nicht in erster Linie auf sein Gehalt).

- **Finanzielle Erfüllung** macht ohne **Gesundheit** dauerhaft keinen Sinn.

„Es gibt Menschen, die ihre Gesundheit ruinieren, um viel Geld zu verdienen. Wenn sie viel Geld haben, geben sie es aus, um ihre Gesundheit wieder zu erlangen."

Finanzielle Erfüllung ohne schöne **Beziehungen** (mit denen man die finanziellen Möglichkeiten genießen kann) macht dauerhaft keinen Spaß.
„Was bringt Ihnen das viele Geld, wenn Sie niemanden haben mit dem Sie es ausgeben und genießen können?"

Finanzielle Erfüllung ohne **Berufung** macht dauerhaft krank oder lässt uns zumindest abstumpfen.

Zitat: „Wenn ich nicht so viel verdienen würde, würde ich den Job auf keinen Fall machen."

Zitat: „Ich will mit 55 Jahren finanziell unabhängig sein, weil ich diesen Job länger nicht aushalte."

Das heißt, dass viele einen Beruf nur deshalb ausüben, weil er finanziell sehr lukrativ ist. Was der Betroffene in einem solchen Fall selten sieht, sind die Folgen, die dieses Arbeiten-gegen-den-inneren-Willen psychisch und physisch bewirken kann...

14 Mythen und Legenden

Unter Mythen und Legenden verstehe ich Inhalte von besuchten Ziele-Workshops, Motivations-, Verkaufs-, Persönlichkeits- und Erfolgsseminaren, an die ich jahrelang glaubte und erst im Laufe der Jahre eigene, für mich bessere Definitionen gefunden habe. Ich möchte damit nicht sagen, dass sie falsch sind, aber …

… trauen Sie sich zu, gewisse Glaubenssätze zu prüfen, bevor Sie sie annehmen.

- **„Erreichungsziele sind besser als Vermeidungsziele“**

Ich hörte sehr oft, dass es eine stärkere Wirkung hat, etwas erreichen zu wollen/ein Ziel zu haben (Erreichungsziele) als etwas vermeiden zu wollen/etwas nicht mehr haben zu wollen, eliminieren zu wollen (Vermeidungsziele)!
Auf meinem Erfolgsweg gab es beides: Erreichungsziele und Vermeidungsziele. Die stärkere Wirkungskraft und die größere Motivation hatten bei mir die Vermeidungsziele! Zum Beispiel:

– Die Motivation, aus den Schulden heraus zu kommen, war stärker, als ein Verdienstziel!
– Der Frust über den aktuellen beruflichen Status war größer als die Motivation, die nächste Beförderung anzustreben.

Es geht um die Formulierung! Jedes Ziel kann sowohl positiv (hin-zu-Ziele oder Erreichungsziele) als auch negativ (weg-von-Ziele oder Vermeidungsziele) formuliert werden. Dass das Unterbewusstsein keine Negation verarbeiten kann, konnte ich in meiner Vergangenheit nicht feststellen. Aus diesem Grund kann ich beide Varianten gutheißen!

Glauben Sie also, falls Sie welche haben, **auch** an die Kraft der Vermeidungsziele!

- **„Wer seine Ziele erreicht, hat zu klein geplant."**

Ziel dieses Glaubenssatzes ist, dass wir uns **große** Ziele setzen sollen. **Je größer, desto besser!**

Vorteil: Je größer die Ziele, desto mehr Kraft wird freigesetzt!
Risiko: Wenn das Ziel **zu groß** ist, führt das u. U. zu einer Lähmung oder zu Frust. Die Moti-

vation für eine Zielplanung schwindet. (Bitte R-E-I-Z-E-N-D beachten aus dem Kapitel ZIELE!)
Nachteil: Wir kommen praktisch nie in das wunderbare Gefühl der Zielerreichung.

- **„Du kannst alles erreichen, wenn du nur willst."**

Bums! Und schon habe ich den „Schwarzen Peter"! Ich wollte also nicht so richtig? Nein, du kannst **nicht** alles erreichen, wenn du nur willst. Wollen reicht nicht! Genau darum geht es in diesem Buch. Zum **Wollen** gehören auch **Können** und **Dürfen!**

- **„Fleiß schlägt Talent"**

Eben nicht! **Fleiß** UND Talent führen zum Erfolg. Fleiß ohne Talent ist eine erfolglose Basis für die Zielerreichung, ebenso wie Talent ohne Fleiß.

- **„Du kannst nicht nicht kommunizieren." (s. Kapitel Kommunikation)**

Ich glaube, man **KANN** nicht kommunizieren! Was man nicht kann, ist zu verhindern, dass eine Gestik oder Mimik vom Gegenüber interpretiert wird. In vielen Gesprächen habe ich die Erfahrung gemacht, dass mein Gesprächspartner in meine Gestik oder Mimik, ja sogar in das, was ich sagte, etwas hineininterpretiert hat, das ich weder kommunizieren noch ausdrücken wollte oder gemeint habe. Man könnte also sagen, dass ich zwar kommuniziert habe, der andere aber meine Kommunikation falsch interpretiert hat.

Mein Fazit daraus: Ich habe beschlossen, nicht mehr zu interpretieren, sondern zu fragen, ob mein Eindruck von einer „angeblichen Kommunikation" richtig ist. Der andere wird mir dann schon sagen, ob und was er „kommunizieren" wollte. Das Risiko, dass er nicht ehrlich ist und auf Rückfragen etwas anderes sagt, als er meint, gehe ich gerne ein. Mein Gewinn daraus sind der Dialog und der Kontakt zu meinem Gegenüber und die Gewissheit, alles für eine gute Kommunikation getan zu haben!

- **„Sie müssen mehr tun" (um Ihr Ziel zu erreichen)!**

Besser: „Sie müssen das Richtige richtig tun" (um Ihr Ziel zu erreichen.)
Ist es hilfreich, wenn Sie mehr „vom Falschen" tun? Eher nicht!

Ist es hilfreich, wenn Sie mehr „vom Richtigen und das richtig" tun? Eher ja!

Wenn Sie in Zukunft das Richtige richtig machen, müssen Sie dann überhaupt mehr tun?

Ein Beispiel:

Der Vertriebsmitarbeiter Herr Rührig gewann für sein Unternehmen vergangenes Jahr pro Monat im Durchschnitt 5 Neukunden. Um seine Prämie auch in diesem Jahr zu erhalten, muss er die Anzahl der Neukunden auf durchschnittlich 7 pro Monat erhöhen. Er macht sich folgenden Plan:

- **Im letzten Jahr:**
  Telefonate zur Neukunden-Gewinnung pro Monat: 16
  Verkaufsgespräche: 8
  Sofort-Abschlüsse: 2
  Nachträgliche Abschlüsse: 3 = 5 Neukunden!

- **Plan dieses Jahr:**
  Telefonate zur Neukunden-Gewinnung pro Monat: 22
  Verkaufsgespräche: 11

Sofort-Abschlüsse: 3
Nachträgliche Abschlüsse: 4 = 7 Neukunden!

Folgende Fragen drängen sich mir auf:

1. Wenn er seine Fähigkeit der Kundenakquise per Telefon gegenüber dem Vorjahr verbessert, muss er dann wirklich 22 Telefonate führen, um 11 Verkaufsgespräche zu vereinbaren?

2. Wenn er seine Verkaufsgespräche gegenüber dem Vorjahr verbessert, muss er dann wirklich 11 Verkaufsgespräche führen, um insgesamt 7 Neukunden zu gewinnen?

3. Wenn er seine Fragetechnik verbessert, macht er dann vielleicht mehr als 3 Sofort-Abschlüsse?

4. Wenn er seine Abschlusstechnik verbessert, macht er dann vielleicht mehr als 3 Sofort-Abschlüsse?

5. Wenn er seine After-Sales-Abläufe verbessert, macht er dann vielleicht mehr als 4 nachträgliche Abschlüsse?

6. Wenn er sein Empfehlungs-Management verbessert, gewinnt er dann mehr Neukunden, ohne mehr zu telefonieren?

- **„Jeder Mensch benötigt Ziele!“**

Der Meinung bin ich nicht! Denn: „Wer ein Ziel hat, hat auch einen Mangel!“ Es ist nicht schlimm, keine Ziele zu haben. Das könnte ja auch bedeuten, dass man keine Mängel hat; und somit wunschlos glücklich und zufrieden ist. Der Zustand der Zufriedenheit wird im heutigen Erfolgsdenken sehr unterbewertet. Gibt es einen schöneren Zustand **als den des glücklich und zufrieden Seins**? (Wobei hier „das Ziel“ sein könnte, dass dieser Zustand anhalten soll …)

- **„Um in einem Bereich mehr zu erreichen, musst du in anderen Bereichen etwas weglassen, da dir sonst die Zeit ausgeht.“**

Auf keinen Fall! Siehe Erfolgsunterstützer! Im Kapitel „Die 4 Lebensbereiche“ habe ich ausgeführt, was ich unter Zeitmanagement verstehe.

- **„Bleib, wie du bist."**

Kennen wir alle … Auf einer Glückwunschkarte, bei einer Beförderung, o. ä.
Natürlich ist es gut gemeint, aber was will uns diese Person sagen? Nun, ich bin sicher, diese Person meint das als Kompliment!

Aber … Habe ich kein Recht darauf, meine Persönlichkeit weiter zu entwickeln/zu erweitern? ☺
Was glauben Sie, löst der Satz aus: „Alles Gute zum Geburtstag und bleib NICHT so, wie du bist!" Instinktiv schaut ihr Gegenüber etwas „skeptisch", worauf Sie sagen können: „Du sollst die gleiche tolle Entwicklung weitermachen, die Du in den letzten 10 Jahren begonnen hast!" **DAS ist doch ein tolles Kompliment!**

Auf keinen Fall wollen Sie doch in 10 Jahren noch der gleiche Mensch sein, oder?

Hoffentlich nicht!

15 Zusammenfassung

Ich bin davon überzeugt, dass wir alle dadurch beeinflusst werden, **wie** wir Situationen betrachten, **wie** wir über Situationen sprechen und **wie** wir über Situationen denken.

Es ist also ein Unterschied, ob ich sage (und somit denke und vielleicht sogar glaube), dass ich etwas tun muss oder ob ich sage (und somit denke und glaube), dass ich mich bewusst für etwas entschieden habe, oder gegen etwas!

In der heutigen technologisierten Welt lauert die Gefahr, vieles gleichzeitig erledigen zu wollen und dabei die Prioritäten zu vernachlässigen.

Wenn uns früher jemand sprechen wollte, rief er an und sprach, sofern wir nicht daheim waren, auf den Anrufbeantworter. Wir konnten also konzentriert unsere Aufgaben erledigen und uns dann neuen Dingen zuwenden. Heute erhalten wir eine SMS, WhatsApp, E-Mail mit Push-Funktion, Facebook-Nachricht usw. und ehe wir es bewusst registrieren, haben wir mehrere neue Aufgaben zu erledigen, von denen wir uns einreden (oder einreden lassen), dass sie alle wichtig sind!

Unter diesen Voraussetzungen erwarten wir von uns Höchstleistung in allen (Lebens-) Bereichen.
Entwickeln Sie die Fähigkeit, die in diesem Moment für Sie wichtigste Aufgabe zu erledigen!
Entwickeln Sie den Mut, diese Aufgabe gegen die Einflüsse von außen zu verteidigen!
Entwickeln Sie die Erkenntnis, dass langfristig nur alle 4 Lebensbereiche im Einklang zur Erfolgsharmonie führen.
Entwickeln Sie die Gelassenheit, Ihren Weg in Ihrem Tempo und mit Ihren Werten und Überzeugungen zu gehen.

Ich hoffe, dieses Buch trägt dazu bei, dass Sie Ihre persönlichen Ziele in Harmonie erreichen und wünsche Ihnen viel Spaß und viel Erfolg bei der Umsetzung.

16 Danke!

Ich möchte allen danken, die zur Entstehung und zum Gelingen dieses Buches beigetragen haben! Es waren unzählige Trainer, Geschäftspartner, Kollegen, Chefs, Angestellte, Familienmitglieder, Sportkameraden, Freunde und Bekannte.

Ein besonderer Dank gilt meiner Frau Inga, die sich immer wieder als "Testperson" für meine Theorien zur Verfügung stellen musste und diese schließlich mit Überzeugung auch an unsere drei gemeinsamen Kinder Lisa, Sara und Leandro weitergab und immer noch weitergibt. Meinem Sohn Marco, der momentan in Tokio studiert, danke ich, weil er mir das Gefühl gibt, Inhalte von diesem Buch zu praktizieren, ohne dass er es bisher lesen konnte.

Ebenso gebührt Dank meinem Geschäftspartner Gökay Obali, der meine Theorien getestet und für gut befunden hat. Er wendet sie ebenso sehr erfolgreich an!

Die wohl wichtigste Person in der Entstehung dieses Buches war allerdings Eva-Marie Hack, denn ohne ihr Lektorat, ihr Einfühlungsvermögen, ihren Zeitaufwand und ihre angenehme Beharrlichkeit wäre dieses Buch nicht in dieser Form entstanden!

Liebe Evi, ich danke Dir von Herzen!

17 Über mich und die Legitimation, dieses Buch geschrieben zu haben

Ich bin seit 23 Jahren als selbständiger Vermögensberater erfolgreich **(Beruf((ung))**. Zuvor war ich 10 Jahre lang in leitender und personalverantwortlicher Funktion tätig **(Beruf((ung))**. Trotz beruflichem Erfolg spielte ich 5 Jahre lang in der vierthöchsten deutschen Fußball-Liga **(Balance Beruf/Freizeit)**. Ich bin glücklich verheiratet, Vater von vier wundervollen Kindern **(Beziehungen)** und auch heute noch, mit fast 53 Jahren, als aktiver Fußballer auf den umliegenden Fußballfeldern aktiv, wobei rund die Hälfte meiner Mitspieler jünger sind als mein älterer Sohn (23) **(Gesundheit)**! In meiner Freizeit gehe ich außerdem in mein Fitness-Studio **(Gesundheit)**, das ich mir im eigenen Haus eingerichtet habe **(Finanzen)**, gestalte in Handarbeit Ledertaschen und Geldbeutel, Armbänder und Halsketten **(Balance Beruf/Freizeit)**. Ich halte mich für einen guten Koch, der es liebt, für Familie und Freunde zu kochen **(Beziehungen)**.